O Evangelho de João

Luc Devillers

O Evangelho de João

Tradução
Frei André Luís Tavares, OP

Título original:
L'évangile de Jean
© Les Éditions du Cerf, 2017
24, rue des Tanneries, 75013, Paris, France
ISBN 978-2-204-10557-6

Dados Internacionais de Catalogação na Publicação (CIP)
(Câmara Brasileira do Livro, SP, Brasil)

Devillers, Luc
  O Evangelho de João / Luc Devillers ; tradução André Luís Tavares.
-- São Paulo : Edições Loyola (Aneas), 2025. -- (ABC da Bíblia)

  Título original: L'évangile de Jean.
  Bibliografia.
  ISBN 978-65-5504-429-4

  1. Bíblia N.T. Evangelho de João I. Título. II. Série.

25-252575   CDD-226.506

Índices para catálogo sistemático:
1. Evangelho de João : Crítica e interpretação   226.506
  Eliete Marques da Silva - Bibliotecária - CRB-8/9380

Diretor geral: Eliomar Ribeiro, SJ
Editor: Gabriel Frade

Capa: Ronaldo Hideo Inoue
Diagramação: Sowai Tam
Preparação: Paulo Fonseca
Revisão: Tarsila Doná
Revisão técnica: Danilo Mondoni, SJ

Projeto gráfico da capa de Ronaldo Hideo Inoue.

Na capa, detalhe de afresco (autoria desconhecida) representando
São João, o Evangelista, no *Monastero di San Benedetto*
(*Santuario del Sacro Speco*), em Subiaco, Itália. Acervo do mosteiro.
Foto de © Livioandronico2013 (Wikimedia Commons).

Tabela cronológica e mapas do miolo
adaptados a partir da edição original francesa.

Rua 1822 n° 341, Ipiranga
04216-000 São Paulo, SP
T 55 11 3385 8500/8501, 2063 4275
editorial@loyola.com.br, **vendas@loyola.com.br**
loyola.com.br, 🌐 @edicoesloyola

Todos os direitos reservados. Nenhuma parte desta obra pode ser reproduzida ou transmitida
por qualquer forma e/ou quaisquer meios (eletrônico ou mecânico, incluindo fotocópia e gravação)
ou arquivada em qualquer sistema ou banco de dados sem permissão escrita da Editora.

ISBN 978-65-5504-429-4

© EDIÇÕES LOYOLA, São Paulo, Brasil, 2025

105858

Sumário

Introdução 7

Capítulo 1
Antes de abrir o livro 13

Capítulo 2
Resumo detalhado e estrutura do evangelho 21

Capítulo 3
O Quarto Evangelho: um Evangelho diferente? 39

Capítulo 4
O evangelho do Filho enviado 47

Capítulo 5
Os discípulos que dão testemunho 61

Capítulo 6
O agir de Jesus e de seus discípulos 75

Capítulo 7
João e o mundo judaico 83

Capítulo 8
O Espírito que dá vida 97

Capítulo 9
Meu Pai e vosso pai 105

Capítulo 10
A recepção do evangelho segundo João 113

Capítulo 11
O evangelho de João, chaves para compreender
a nossa cultura 123

Conclusão 129

Anexos 133
   Léxico 133
   Cronologia 148
   Mapas 152

Bibliografia 155

Introdução

João, "o último" evangelho

"João, o último, vendo que as coisas corpóreas haviam sido expostas nos evangelhos, levado por seus discípulos e divinamente inspirado pelo Espírito, fez um evangelho espiritual". Estas palavras de Clemente de Alexandria (150-216), citadas por Eusébio de Cesareia (História Eclesiástica VI,14,7), forjaram a reputação de "evangelho espiritual" do Quarto Evangelho. Outros autores antigos – como Irineu (final do século II) – também afirmam que João é o último dos quatro evangelhos. Um evangelho relê a vida de Jesus pelo prisma do evento pascal – sua morte e ressurreição –, mas também à luz de certa experiência eclesial, mais ou menos longa. Não é de imediato que melhor compreendemos o sentido dos eventos importantes que vivemos; é preciso tempo para reler as lembranças, ruminá-las, interpretá-las. A densidade da mensagem joanina implica uma distância consideravelmente longa entre os fatos relativos a Jesus e sua interpretação.

João fornece indícios desta longa gestação. Quando Jesus, após ter expulsado os vendilhões do Templo, declara reerguer em três dias o santuário, João escreve: "Por isso, depois que Jesus foi ressuscitado dentre os mortos, seus discípulos lembraram-se de que ele falara assim, e creram na Escritura, bem como na palavra que ele havia dito" (Jo 2,22). É após a ressurreição que os discípulos se recordaram do que Jesus tinha dito e creram. Quando ele entrou em Jerusalém sentado sobre um jumento (Jo 12,14-15; cf. Zc 9,9), João especifica: "Naquele momento, os discípulos não compreenderam o que acontecia, mas, quando Jesus foi glorificado, eles se lembraram de que isso tinha sido escrito a seu respeito e que fora isso mesmo que se fizera para com ele" (Jo 12,16). Somente após sua morte e ressurreição é que os discípulos se lembraram do que Jesus disse e fez. Antes, não tinham compreendido a profundidade dos eventos vividos com ele, nem compreendido de fato sua identidade.

João, um evangelho dentre outros

Como seus predecessores, os evangelhos sinóticos, o de João comunica um testemunho da fé em Jesus, contando sua vida desde seu batismo por João Batista (alusão em Jo 1,32-34) até sua paixão (Jo 18–19) e ressurreição (Jo 20–21). Contudo, em vários aspectos este "livrinho" (do grego biblion, Jo 20,30) é diferente. João sublinha notadamente a dimensão teológica e simbólica da missão de Jesus, tanto de sua pessoa como de sua mensagem. Inclusive, ele é frequentemente considerado um dos primeiros representantes da mística cristã e é por isso que Clemente chama-o de "um evangelho espiritual". Entretanto, esta designação tem seus limites. Contrapondo João aos três sinóticos, não somos justos nem com um nem com os outros. De fato, os evangelhos segundo Mateus, Marcos e Lucas não são obras um tanto simplistas, que se contentariam em contar fatos brutos (as "coisas corpóreas"). O testemunho deles em relação a Jesus e sua missão é tão espiritual quanto o de João, e a profundidade deles é igualmente grande, embora suas narrativas sejam provavelmente de um estilo mais ordinário do que aquelas de algumas páginas de João. É evidente que os evangelhos sinóticos também constituem uma obra espiritual.

Por sua vez, se João possui uma mensagem particular a ser transmitida, não o faz invalidando a dos outros três. Ele não busca suplantá-las nem as marginalizar. Além disso, nem sabemos se ele conheceu um ou outro dos textos sinóticos, ou dois ou mesmo os três; nem sob qual forma ele os teria conhecido: oral ou escrita, parcial ou completa. O que conta para ele é afirmar que seu livro transmite tudo o que é preciso para guiar os crentes em seu caminho: "Jesus realizou ante os olhos de seus discípulos muitos sinais que não estão consignados neste livro. Estes foram escritos para que creiais que Jesus é o Cristo, o Filho de Deus, e para que, crendo, tenhais vida em seu nome" (Jo 20,30-31). O Quarto Evangelho não esconde os limites de sua busca a respeito de Jesus e não pretende de modo algum ser uma narrativa do gênero "vida e obras completas de Jesus Cristo". Mas ele afirma que não é mais preciso acrescentar novas narrativas em seu texto, pois aquilo que é preciso saber em vista da salvação já foi dito.

João, "um evangelho espiritual"

Clemente tinha razão: o evangelho de João é de grande força espiritual, porque é o último. Foi preciso tempo e longa experiência de vida cristã no cotidiano para se chegar à sua redação. É um fruto maduro da literatura das origens cristãs. Mas o fato de que seja tão rico e sutil, e que proponha uma releitura teológica e simbólica dos eventos que concernem a Jesus, não tira em nada a pertinência de seu enraizamento na história e na geografia. Neste plano, ele se revela até muitas vezes melhor que os sinóticos, porque conhece bem a vida religiosa judaica e a topografia da Palestina do tempo de Jesus.

A dimensão espiritual de João está em relação com sua insistência sobre o papel do Espírito na formação das lembranças de Jesus. No momento da última ceia com seus íntimos, Jesus anuncia que "o Paráclito, o Espírito Santo que o Pai enviará em meu nome, vos ensinará todas as coisas e vos fará recordar tudo o que eu vos disse" (Jo 14,26). O Espírito será dado não para fazer um novo ensinamento, nem uma nova revelação, mas para recordar e ensinar com mais profundidade o que o próprio Jesus disse. Todo evangelho traz em si o traço desta maturação póspascal. Além do mais, este versículo diz que os discípulos não seriam entregues somente à sua memória humana, sempre falível, mas que graças ao Espírito eles se beneficiariam de um novo tipo de memória: a memória crente, eclesial, fundada na anamnese da morte e ressurreição de Jesus (cf. 1Cor 11,23-26). Em outra passagem, João acrescenta esta confidência de Jesus: "Ainda tenho muitas coisas a vos dizer, mas atualmente não sois capazes de as suportar; quando vier o Espírito da verdade, ele vos conduzirá à verdade plena" (Jo 16,12-13). Não se podia dizer, assimilar, compreender tudo antes da Páscoa de Jesus e do envio do Espírito. Clemente de Alexandria disse: João foi "divinamente inspirado pelo Espírito".

Um evangelho de interpretação delicada

No século II, pululavam outros evangelhos ditos "apócrifos". Irineu de Lyon denuncia-os com um humor ferino, porque veiculam uma espiritualidade mais ou menos desencarnada, sob a forma de elucubrações esotéricas ou gnósticas. Tudo isso trai a mensagem de Jesus e a historicidade de sua pessoa, o que leva essas obras a serem rejeitadas pela Igreja. Mas o evangelho de João não está isento de tais ambiguidades, porque um gnóstico – certo Heraclião – será o primeiro a escrever um comentário dele. De fato, uma leitura superficial de João parece ir neste sentido.

Deformando alguns traços da narrativa ou do discurso joanino, algumas vezes se quis fazer de seu herói uma sorte de pequeno deus vindo visitar a terra, mas sem verdadeiramente fazer parte da humanidade com toda a sua dimensão concreta. Um pequeno deus que sabia tudo de antemão, que controlava tudo e que não sofria nada. Mas ler João desta maneira é ocultar certos detalhes de seu evangelho: a fatiga de Jesus, esgotado depois de caminhar sob o sol, quando ele para junto ao Poço de Jacó (Jo 4,6); suas lágrimas junto ao túmulo de Lázaro, vistas pelos visitantes como sinais de sua afeição por seu amigo (Jo 11,35-36); ou ainda, sua sede, expressa na cruz, no momento de morrer (Jo 19,28). É ignorar que João é o evangelista que mais chama Jesus de "um homem". É ainda esquecer o gesto inesperado do lava-pés, cumprido por Jesus contra todas as convenções de sua cultura (Jo 13,4-17).

Claro, estes dados da narrativa joanina são também passíveis de serem interpretados simbolicamente, mas isso não pode ser feito em detrimento do primeiro grau ordinário de interpretação. Retomando uma prática comum no judaísmo antigo,

João gosta de fazer uso do duplo sentido das palavras e das fórmulas. Assim, ele convida seu leitor a compreender para além das aparências, mas nunca provocando impasses em relação à dimensão concreta. O simbolismo joanino seria de baixa qualidade se não se apoiasse em realidades sólidas.

1
Antes de abrir o livro

Quem é o autor do Quarto Evangelho?

O evangelho segundo João

Os primeiros manuscritos do Quarto Evangelho (séculos II a IV) trazem a menção "Evangelho segundo João" ou "Segundo João". Quem é este João? Uma antiga tradição vê nele o Apóstolo, filho de Zebedeu. Mesmo que se tenha imposto, não é totalmente segura. De fato, o evangelho menciona apenas uma vez "os filhos de Zebedeu", sem seus nomes (Jo 21,2), e se vale de um "discípulo que Jesus amava" (Jo 21,20.24; cf. também 13,23-25; 19,26.35; 20,2-4.8; 21,7). A tradição apoia-se no fato de que este discípulo anônimo aparece frequentemente com Pedro, como João na obra de Lucas (Lc 22,8; At 3,1.3.11; 4,13.19; 8,14.17).

Afirma-se com frequência que Irineu de Lyon foi o primeiro a identificar o evangelista ao filho de Zebedeu. Na realidade, ele sempre fala do "discípulo do Senhor", sem dizer que se tratava de um dos Doze Apóstolos; e quando evoca "os filhos de Zebedeu", não sugere que um deles seja o "discípulo do Senhor" (*Contra as Heresias* I,21,2). Algumas vezes, associa o evangelista aos apóstolos (Contra as Heresias II,22,5; cf. ainda III,3,4; III,16,1-2; III,21,3); inclusive numa vez o nomeia "apóstolo" (I,9,2.3). Mas Ireneu não reserva o título de apóstolos somente ao círculo dos Doze e a Paulo; ele também assim designa Barnabé, Estevão, Lucas e o "Diácono" Filipe. Por que, então, também não o faria em relação ao evangelista? Mas esta única exceção não tem muito peso face às cerca de vinte passagens onde ele o chama de "discípulo do Senhor".

Uma coisa é certa: para Ireneu, este autor se chamava João. Ora, isso não prova que se trate do filho de Zebedeu, pois na Antiguidade o nome João – em hebraico Yôḥanan, "Deus agraciou" – era muito frequente: no tempo de Jesus, ocupava o quinto lugar entre os 99 nomes masculinos preferidos dos judeus.

"O discípulo que Jesus amava"

O "discípulo do Senhor" de Ireneu lembra o "discípulo que Jesus amava" do evangelho. Ora, como este último não aparece durante a vida pública de Jesus, não é um dos Doze. Além disso, os Doze são evocados apenas duas vezes no Quarto Evangelho, e sem seus nomes (Jo 6,67.70.71; 20,24); além disso, este texto nunca fala de "apóstolos" (em Jo 13,16 a palavra grega *apostolos* tem o sentido banal de "enviado"). Contudo, o discípulo amado é íntimo de Jesus, tendo certa importância, porque ocupa o lugar de honra na refeição de despedida, junto a Jesus (Jo 13,23-25; 21,20). Por que não ver nele o proprietário da casa na qual ocorre a refeição (cf. Mc 14,13-15)? Jesus estava sendo procurado pela polícia (Jo 11,57), então podemos pensar que seu anfitrião nada temia ao acolhê-lo em sua casa. Também não seria absurdo ver nele aquele "outro discípulo conhecido do Sumo Sacerdote", que conseguiu que Pedro entrasse na corte do Sumo Sacerdote (Jo 18,15-16).

Ainda, João conhecia a liturgia judaica, suas festas e seus ritos, bem como a topografia de Jerusalém. Ele cita a piscina de Betzatá (Jo 5,2) e de Siloé (Jo 9,7.11), o pórtico de Salomão (Jo 10,23), o "Pretório" (Jo 18,28.33; 19,9) e o "Litóstrotos" (em grego Lithostrotos, em aramaico Gabbatha, Jo 19,13). Ele também sabia que as obras de reconstrução do Templo já duravam 46 anos (Jo 2,20). Tudo isso aponta no sentido de se tratar de um habitante de Jerusalém bem-informado sobre as práticas religiosas. De fato, os Atos dos Apóstolos assinalam que muitos sacerdotes judeus abraçaram a fé em Cristo (At 6,7): por que o "discípulo que Jesus amava" não seria um deles, tendo inclusive acesso ao Sumo Sacerdote? Alguns Padres da Igreja vão neste sentido (EUSÉBIO DE CESAREIA, História Eclesiástica III,31,3; V,24,3).

Uma escola joanina?

Segundo Clemente de Alexandria, por sua vez, o "discípulo que Jesus amava" também teve discípulos. Atraídos pela experiência pessoal com Jesus e por seu olhar teológico refinado, teriam formado uma ou várias pequenas comunidades, para as quais o teriam convidado a pôr seu testemunho por escrito. O "discípulo que Jesus amava" é o iniciador da chamada literatura "joanina", que compreende o evangelho e três cartas. Deste conjunto literário, o Quarto Evangelho é o mais belo florão. Por outro lado, deve-se atribuir o Apocalipse de João a outro "João".

Segundo a tradição, é o discípulo amado o autor do evangelho, que por ele teria sido escrito de ponta a ponta, na ordem em que o texto atualmente se encontra. Mas se este evangelho tem uma bela unidade estilística, alguns indícios – a impressionante maturidade de suas reflexões, e também certas rupturas ou incoerências narrativas – sugerem que sua redação levou certo tempo. É por isso que se formulou a hipótese segundo a qual no seio da comunidade joanina havia uma "escola joanina", como as diversas escolas de pensamento greco-romanas, cada qual ligada a um mestre. Uma escola possui seu modo próprio de falar, códigos, cultura e memória comuns. Do mesmo modo, alguns grandes pintores trabalharam com discípulos, e somente o olhar clínico de um especialista pode perceber os lugares onde estes continuaram o trabalho do mestre, a fim de concluir uma tela. Assim, portanto, a redação do evangelho teria sido feita em várias etapas, com o mestre transmitindo seu testemunho aos discípulos: "É este discípulo que testemunha essas coisas..." (Jo 21,24a; cf. 21,20); sua escola o teria validado: "...e nós sabemos que o seu testemunho é conforme à verdade" (Jo 21,24b); e esta informação nos teria sido comunicada por um último redator que diz "eu" (Jo 21,25).

"É este discípulo que testemunha essas coisas e as escreveu" (Jo 21,24). O "discípulo que Jesus amava" (Jo 21,20) teria ele próprio redigido este testemunho? Esta interpretação não é a mais provável. Efetivamente, o verbo "escrever" pode significar "mandar escrever". Assim, após ter lido o motivo da condenação de Jesus (Jo 19,21-22), as autoridades judias disseram ao governador romano: "Não escrevas 'rei dos judeus'...", mas Pilatos replica: "O que escrevi, escrevi". Ora, é claro que não foi ele mesmo quem escreveu estas palavras, mas mandou escrevê-las. Esta fala de Pilatos e a alusão ao discípulo bem-amado são os dois únicos casos em que o verbo "escrever" não se refere a uma passagem da Escritura ("está escrito..."): convém, pois, interpretar os dois do mesmo modo.

Assim, teria sido um membro da escola joanina que teria posto por escrito o testemunho de seu mestre sobre Jesus. Este "evangelista" teria redigido o essencial do livro, com verdadeira liberdade autoral, escolhendo cenas a serem contadas e sua disposição (cf. Jo 20,30-31). Certos acréscimos maiores, como o Prólogo e o capítulo 21, seriam devidos a um "redator final", que teria assim atualizado a mensagem joanina, ao mesmo tempo que realizava uma obra de arte.

Data e lugar de redação

Data

O evangelho segundo João supõe que alguns dados dos sinóticos já sejam conhecidos: a lista dos Doze e a figura de Maria Madalena, por exemplo. Logo, ele é posterior a eles. Além disso, emprega um termo desconhecido pela literatura grega: *aposunagogos*, "separado da Sinagoga". Ele precisou criá-lo, a fim de evocar uma situação particular. Mas tal medida de exclusão só terá sentido ao final do primeiro século, porque antes da destruição do Templo (no ano 70), o judaísmo era diverso, tendo cada grupo suas crenças e práticas: fariseus, saduceus, batistas, nazarenos, zelotes, essênios de Qumran. Após o ano 70, as famílias sacerdotais perderam o poder. Concentrando-se na estrita observância dos preceitos da *Torá*, e não mais no culto sacrifical, o movimento fariseu permitirá ao judaísmo sobreviver à destruição do Templo.

Em João, o primeiro emprego deste termo atribui a exclusão aos "judeus" (Jo 9,22), e em segundo, aos fariseus (Jo 12,42). Na última ocorrência, Jesus anuncia a futura ameaça que pesará sobre seus discípulos (Jo 16,2). Anuncia, pois, um tempo futuro, no qual ser judeu significará ser fariseu. Ante estas pessoas que se declaram "discípulos de Moisés", emerge um pequeno grupo:

o dos discípulos de Jesus, representado pelo cego curado (Jo 9,28). Assim, há grande possibilidade de este livro de João datar de após o ano 70. E como datamos os evangelhos de Mateus e de Lucas dentre os anos 80 e 90, situamos a redação final de João no final do primeiro século. Rico da experiência fundante do discípulo amado, alimentado pela experiência comunitária joanina, este livro traz também as marcas da nova situação do judaísmo.

Lugar

A posição tradicional – desde Irineu – situa a redação de João na cidade de Éfeso (na Ásia Menor). Algumas proposições alternativas visam Alexandria (Egito) ou uma região próxima à Palestina. As afinidades do Quarto Evangelho com outros escritos cristãos – as Cartas de Inácio de Antioquia, as *Odes de Salomão* – sugerem Antioquia da Síria; mas também já se propôs a Decápole, confederação de dez cidades da Transjordânia. A redação teria então começado perto da Palestina (Antioquia ou Decápole), para ser concluída em Éfeso.

Os destinatários do evangelho

Para aproveitar o livro de João, é importante conhecer o Antigo Testamento (AT) e a tradição judaica. Viu-se nele um escrito missionário que visava aos judeus: "Estes [sinais] foram escritos para que creiais que Jesus é o Cristo, o Filho de Deus, e para que, crendo, tenhais vida em seu nome" (Jo 20,31). Esta missão judaica explicaria também as constantes e fortes polêmicas entre Jesus e as autoridades judaicas. Mas também se fala de samaritanos no texto (Jo 4,39-40), desprezados e não quistos pelos judeus (Jo 4,9). O evangelho parece fazer eco à teologia samaritana: a designação de Jesus como "filho de José" (Jo 1,45; 6,42) se referiria ao patriarca venerado pelos samaritanos (cf. Jo 4,5), sua designação como "rei de Israel" (Jo 1,49; 12,13) evocaria o Reino do Norte; a espera, da parte da samaritana, pelo "Messias (que) deve vir – aquele que chamam Cristo" (Jo 4,25) – evocaria na verdade o Novo Moisés, caro aos samaritanos (cf. Dt 18,15.18). Segundo os Atos dos Apóstolos, a Samaria foi uma das primeiras terras de missão (At 8,5-14), na qual o Espírito era chamado *dom de Deus* (At 8,20; cf. Jo 4,10): então, alguns leitores visados não seriam samaritanos?

Entretanto, para bem compreender João, também é preciso ter recebido uma primeira iniciação à fé cristã. Com efeito, nele Simão é apresentado como Pedro (Jo 1,40-42); Maria Madalena é mostrada como uma velha conhecida (Jo 19,25); quanto aos Doze, João não dá seus nomes, pois supõe que já sejam conhecidos. A primeira conclusão (Jo 20,31) pode ser interpretada de duas maneiras. Os leitores já seriam cristãos graças a um evangelho sinótico, e João desejava fortificar a fé deles. "Estes [sinais] foram escritos para que continueis a crer que Jesus é o Cristo, o Filho de Deus". Mas, segundo alguns manuscritos, o evangelho visaria a um público novo, de origem pagã: "...a fim de que passeis a crer". Por isso, João evocaria os romanos (Jo 11,28) e os gregos (Jo 12,20).

Na realidade, o evangelho de João pode atrair à fé cristã pessoas estranhas à cultura bíblica. Termos em aramaico são traduzidos para o grego, e certos usos judaicos são explicados (Jo 2,6; 19,40). Quando Jesus fala em partir, alguns judeus se perguntam se ele não vai para a Diáspora da bacia mediterrânea para "ensinar os gregos" (Jo 7,35): alusão à missão pós-pascal. O evangelho também apresenta gregos que buscavam ver Jesus (Jo

12,20): provavelmente, pagãos "tementes a Deus", já conquistados pelo Deus de Israel, que vieram adorá-lo durante sua festa (cf. Zc 14,16). Mas eles também podem representar todos os pagãos aos quais Jesus, o "salvador do mundo" (Jo 4,42; cf. também Jo 3,16-17; 6,51; 12,47), oferece a salvação de Deus.

Enfim, com seu vocabulário pouco variado, simples mas profundo, João é acessível às pessoas tanto vindas da tradição judaica quanto de um meio grego, tanto às pessoas simples quanto aos acostumados às elevações espirituais. Uma coisa é certa: o público por ele visado não se limita ao círculo estreito e elitista de um grupinho secreto, mas se inscreve num meio culturalmente aberto, onde convivem judeus e pagãos, onde os cristãos já estão instalados desde as missões paulinas. É a uma multidão bastante diversificada, à imagem da humanidade, que João se dirige.

2
Resumo detalhado e estrutura do evangelho

Costuma-se ler o Quarto Evangelho adotando o plano dos três sinóticos:

— Uma primeira parte dedicada à vida pública de Jesus;
— Uma segunda, à Paixão e à Ressurreição.

Contudo, em João este esquema traz uma marca original: diferentemente dos sinóticos, ele limita o papel da Galileia a algumas cenas (Jo 1,43–2,12; 4,3.43-54; 6,1–7,9; 21,1-23). É em Jerusalém que ele situa a maior parte dos discursos, atos e controvérsias de Jesus durante sua vida pública. Além do mais, as multidões são raras neste evangelho (Jo 5,13; 6,2-24; 7,12-49; 11,42; 12,9-34) e notadamente ausentes na narrativa da Paixão, nas quais os "judeus" hostis designam as autoridades religiosas. Assim, João livra o conjunto do povo judeu de qualquer responsabilidade na morte de Jesus. Enfim, quando João as apresenta, as multidões costumam exercer o papel do coro das tragédias gregas, aprovando ou reprovando o que se diz ou se vê.

As narrativas relativas à vida pública de Jesus constituem um Livro dos Sinais (Jo 1,19–12,50), enquanto a narrativa de sua ceia de despedida, de sua morte e de sua ressurreição forma um Livro da Hora da Glória (Jo 13,1–20,29). A primeira parte pode ainda subdividir-se em duas seções, manifestando a oferta da vida pelo Enviado de Deus (Jo 1–6) e a progressiva recusa dela pelas autoridades religiosas (Jo 7–12). Apesar das aparências, tal recusa não é nem definitiva nem completa, porque no final do Livro dos Sinais são evocados notáveis fariseus que creram em Jesus (Jo 12,42; cf. 12,11). A segunda parte se divide em três seções. Cinco capítulos são dedicados à última ceia de Jesus com seus discípulos (Jo 13–17); a narrativa da Paixão, que para João é a Hora da Glória, ocupa dois capítulos (Jo 18–19); enfim, a descoberta do túmulo vazio e os encontros com o Ressuscitado constituem o último capítulo (Jo 20). Estas duas partes são acompanhadas no princípio por um Prólogo (Jo 1,1-18), e no fim por um Epílogo (Jo 21,1-24) e por uma nova conclusão (Jo 21,25).

O Prólogo, um pórtico real (Jo 1,1-18)

No estado atual, o evangelho se inicia por um pórtico majestoso que pinta um vasto quadro da ação da Palavra Divina. Provavelmente acrescentado a uma primeira edição, este Prólogo oferece já no princípio uma síntese impressionante do evangelho, e convida o leitor a ir além das aparências em sua leitura da narrativa. João remonta às origens da Criação, e mesmo antes, quando só Deus existia. Sempre junto a Deus, sua Palavra o assistiu na obra da criação (Jo 1,3-5): "Fizeste o universo por tua Palavra" (Sb 9,1). Por meio dela, patriarcas, profetas e outros personagens da Escritura cumpriram sua missão: aqui eles são representados por João (Batista), designado como uma testemunha (Jo 1,6-8). Deus não cessa de falar aos homens por diversos meios (cf. Hb 1,1-2). Finalmente, na plenitude dos tempos (cf. Gl 4,4), a Palavra de Deus veio habitar a condição humana. Armando sua tenda entre os homens (Jo 1,14), tomou o nome de um homem – "Jesus de Nazaré" (Jo 1,45) – e assumiu a missão messiânica. É em "Jesus Cristo" (Jo 1,17), aquele que o Pai enviou (cf. Jo 17,3), que a obra da revelação inaugurada pelo ministério de Moisés (Jo 1,17) foi levada a termo, e a salvação de Deus é oferecida a todos.

Alguns leem o Prólogo como uma meditação ou um hino que de ponta a ponta fala do Verbo Encarnado. É melhor respeitar o desenvolvimento linear e cronológico sugerido pelo texto e fazer da Encarnação (Jo 1,14) a última vinda da Palavra neste mundo criado. Uma vinda decisiva, é claro, mas precedida por numerosas outras evocadas anteriormente (Jo 1,9-13). Desde sempre, esta vinda da Palavra esbarra na dificuldade de crer dos homens e na sua recusa. Mas Deus segue seu caminho, pondo sua Palavra na boca dos profetas (João) ou nos versículos da Lei (Moisés), assim como no coração de cada ser humano que a pode acolher livremente. Pois todos são chamados a receber desta Palavra Divina a capacidade de se tornar filhos de Deus (Jo 1,12). Esta promessa de adoção filial está situada no coração do Prólogo, o que indica sua importância. Enfim, última etapa da Revelação, a Palavra eterna de Deus se adapta à condição frágil da vida humana, fazendo-se carne (Jo 1,14, cf. Is 40,6-8). O último versículo anuncia que o Filho Único vai falar do Pai, o que mostra a narrativa evangélica que se segue. E assegura também que o Filho, ao retornar para junto de seu Pai (cf. Jo 16,28; 20,17), vai nos preparar um lugar (cf. Jo 14,2-3). Caminho que leva ao Pai (Jo 14,6), pastor que dá a vida (Jo 10,10b), ele reúne os filhos de Deus (Jo 1,12; 11,52) a fim de conduzi-los ao seio do Pai: "O próprio Salvador [...] abre o caminho para o seio do Pai, para a vida eterna e para o Reino dos Céus" (CLEMENTE DE ALEXANDRIA, *Que rico será salvo?* 42,16).

O Livro dos Sinais: vida ofertada, morte programada (Jo 1,19-12,50)

A oferta da vida (Jo 1,19-6,71)

O Livro dos Sinais apresenta episódios da vida pública de Jesus, especialmente seus encontros com diversas pessoas. De um modo ou de outro, a todas ele propõe tomar um caminho de vida que implica a escuta atenta de sua palavra. Tudo começa com João (Batista), cujo testemunho fecundo permite que alguns de seus discípulos descubram e sigam "o Cordeiro de Deus" (Jo 1,29.35-36.40). Ao final do primeiro capítulo, cinco homens – André, um anônimo, Simão Pedro, Filipe e Natanael – conhecem Jesus; o episódio seguinte apresenta-os como "seus discípulos" (Jo 2,2.11.12). Em Caná, Jesus faz a água da Revelação tornar-se o bom vinho que alegra os homens (Jo 2,1-11). Por meio deste "início dos sinais", de sabor pascal ("no terceiro dia", Jo 2,1, cf. 1Cor 15,4; "A minha hora ainda não chegou", Jo 2,4), ele manifesta sua glória perante seus discípulos e os faz crescer na fé (Jo 2,11). O episódio seguinte, situado em Jerusalém, também anuncia o evento pascal que fará do corpo de Jesus o novo Templo (Jo 2,13-22). Então, pela primeira vez Jesus entra em conflito com as autoridades religiosas, que o evangelho chama costumeiramente de "os judeus" (Jo 2,18.20). Todavia, um dentre eles, Nicodemos, conversa de noite com Jesus sobre o acesso ao Reino. Jesus lhe revela que é preciso nascer do Espírito para entrar nele (Jo 3,3-8). Se o batismo com água é o caminho habitual (sacramental) pelo qual os crentes entram em comunhão com Deus, o nascer do Espírito não é exclusivo dos batizados. Como o vento, "o Espírito sopra onde quer" (Jo 3,8), sem estar confinado no interior das Igrejas visíveis. Uma nova cena apresenta João (Batista) em sua atividade batismal, e nos faz saber que o próprio Jesus o ajudava neste ministério (Jo 3,22-26; 4,1). O Batista anuncia a missão excepcional de Jesus, Esposo, Cristo e Filho amado do Pai (Jo 3,27-36).

Como Jesus deseja ir à Galileia, o evangelista especifica que ele deve passar pela Samaria, situada entre a Judeia e a Galileia. Mas as relações entre judeus e samaritanos eram tão ruins que os galileus evitavam atravessar a região para ir a Jerusalém (cf. Mt 10,5; Lc 9,52-53). Assim, se Jesus deve passar pela Samaria, é porque ele tem uma mensagem a comunicar aos samaritanos; e o fará por meio de uma mulher. Esta passagem parece fazer eco à primeira pregação cristã naquela região (cf. At 8,1.5-25). Uma samaritana se encontra com Jesus à beira da fonte de Jacó (Jo 4,6-7). Ele está cansado por ter caminhado e por causa do calor da sexta hora: anúncio de sua futura condenação à morte por Pilatos "por volta da sexta hora" (Jo 19,14). Mas ao mesmo tempo se apresenta como a fonte da qual jorra a água viva da Revelação (Jo 4,10-14). Também anuncia à mulher que os adoradores do Pai devem se voltar a ele "em Espírito e Verdade", não importa qual seja o lugar de culto (Jo 4,20-24). E se "a salvação vem dos judeus" (Jo 4,22), é porque suas Sagradas Escrituras – mais desenvolvidas que aquelas dos samaritanos – preparam o anúncio da paternidade de Deus.

Cheio da força divina – à sétima hora (Jo 4,52) – o homem Jesus pode operar curas: tanto na Galileia (Jo 4,46-54) quanto em Jerusalém (Jo 5,1-9a), em circunstâncias nas quais judeus e pagãos estavam misturados. Tendo ocorrido num dia de sábado

(Jo 5,9-10), a cura de um homem enfermo de Betzatá leva Jesus a ser acusado de violar o *sabbath* e, ademais, de se fazer igual a Deus (Jo 5,16.18). O círculo de seus adversários começa a cerrar-se em seu entorno, pois sua missão salvífica – dar (novamente) a vida – não é aceita por todos. Como um acusado num processo, ele faz apelo a uma série de testemunhas a seu favor: João (Batista), as obras que ele deve fazer, o Pai, as Escrituras (Jo 5,33-47). A página seguinte situa-se na Galileia e lembra certos episódios conhecidos pelos sinóticos. Com a ajuda de um rapaz que trazia cinco pães e dois peixes (Jo 6,9), Jesus alimenta uma multidão. Depois, foge para escapar da tentação do poder político (Jo 6,15) e encontra seus discípulos após ter, à maneira do Deus dos Salmos, dominado os ventos de tempestade (Jo 6,16-21; cf. Sl 107(106),25.30). Encontrado pela multidão em Cafarnaum (Jo 6,24.59), convida a acolher sua Palavra e sua Pessoa como o Pão da Vida que sacia a fome dos homens (Jo 6,32-58). Mas esta oferta de sua vida vai mais uma vez esbarrar na incompreensão. Sob a narrativa da vida de Jesus percebe-se um eco da vida da comunidade joanina. O desenvolvimento de sua teologia eucarística choca alguns discípulos que vieram do judaísmo: "Como é que este homem pode dar-nos de comer a sua carne? [...]. Essa palavra é dura! Quem pode escutá-lo?" (Jo 6,52.60); e João não esconde a deserção de muitos deles (Jo 6,66). Já nessas páginas, pode-se ler nas entrelinhas o anúncio da condenação à morte de Jesus, que já se aproxima (Jo 5,16.18; 6,70-71).

Jesus em debate durante a festas das Tendas e da Dedicação (Jo 7,1-10,42)

O quadro litúrgico da festa das Tendas (Jo 7,1–10,21) e de sua duplicata invernal, a da Dedicação (Jo 10,22-42), constitui o lugar escolhido por João para anunciar a origem e a identidade profunda de Jesus. É neste quadro que a partir do século IV leremos o episódio da mulher adúltera (Jo 7,53–8,11). Mesmo que algumas vezes seja posto em outro lugar em João, e mesmo em Lucas, não vem de João: seu estilo e sua temática – as mulheres, os pecadores, a misericórdia – sugerem que deva ser atribuído a Lucas. Mas sua inserção aqui possivelmente faz eco a uma tradição judaica, segundo a qual durante a festa das Tendas os homens piedosos gritavam no Templo: "Bendito seja aquele que nunca pecou, e, se alguém pecou, que seja perdoado" (*Tosefta Soucca* 4,2).

Se este rito da festa judaica pode explicar a inserção da passagem da mulher adúltera, outros são ainda mais subjacentes à narrativa de João. Assim, a procissão até a "piscina de Siloé" (cf. Jo 9,7.11) e a iluminação noturna do adro do Templo incitam João a apresentar Jesus como a fonte de água viva e a verdadeira luz: "Se alguém tem sede, venha a mim e beba! […] Do seu seio jorrarão rios de água viva" (Jo 7,37-38); "Eu sou a luz do mundo…" (Jo 8,12; 9,5). Aqui, Jesus fala como o Deus do AT: "Eu sou" (Jo 8,18.24.28.58). Naquele mesmo momento, a hostilidade para com ele atinge seu paroxismo, a tensão entre ele e as autoridades judaicas atinge seu mais alto nível.

Fazendo memória da época de Jesus, a narrativa do cego de nascença se mistura àquela mais recente da expulsão da Sinagoga dos crentes da comunidade joanina por volta do final do século I (Jo 9,22; cf. 12,42; 16,2). A longa ausência de Jesus nesta narrativa (Jo 9,8-34) torna-se ocasião para que o cego tome o protagonismo da cena e dê um corajoso testemunho de Cristo. Ele se torna assim o modelo dos discípulos advindos da piscina batismal do "Enviado" (Jo 9,7), os quais, durante o tempo da

Igreja ao longo dos séculos, devem testemunhar a presença de seu Mestre e permanecer fiéis a ele, correndo o risco de serem rejeitados (cf. Jo 9,34.35).

A cena do Bom Pastor anuncia que Jesus veio para dar a vida por suas ovelhas (Jo 10,10-11.17-18). Mas antes de designar-se como pastor, ele se apresenta como a porta das ovelhas que dá acesso às boas pastagens (Jo 10,7.9). Durante a festa da Dedicação, no inverno, Jesus é então intimado a declarar se ele é o Messias: ele afirma sua ligação com o Pai, o que o levou a sofrer uma segunda tentativa de lapidação (Jo 10,31-33; cf. 8,59). Em seguida, ele se retira para além do Jordão, voltando aonde tudo começara com João (Batista) (Jo 10,40; cf. 1,28). Uma última vez, João aparece como testemunha, que diz a verdade sobre Jesus, graças a que muitos se puseram a crer nele (Jo 10,41-42).

Lázaro, uma testemunha de silêncio eloquente (Jo 11,1-12.19)

No cerne do evangelho, dois capítulos fazem a transição entre a vida pública e os últimos dias da vida de Jesus (Jo 11–12). Eles são marcados pela figura de Lázaro, rodeado por suas irmãs Marta e Maria. Lázaro, amigo de Jesus (Jo 11,3.5.11.36), está doente; Jesus é informado, mas tarda a vir curá-lo (Jo 11,1-14). Lázaro morre e é sepultado em Betânia (Jo 11,11-36). Marta reconhece em Jesus o novo Moisés, "aquele que vem ao mundo", e proclama sua fé na ressurreição final (Jo 11,21-27). Mas Jesus permite que Lázaro retome o curso de sua vida terrestre (Jo 11,37-44). Sua morte e sua volta à vida anunciam a morte e a ressurreição de Jesus. De fato, o sinal realizado por Jesus incita os responsáveis religiosos a apressar sua morte (Jo 11,45-54). Mas antes de sua entrada solene em Jerusalém (Jo 12,12-16), quando cumprirá o oráculo de Zacarias (Zc 9,9), ele se deixará ungir por

Maria em Betânia, para significar que sua morte não o levará à corrupção.

A chegada da Hora (Jo 12,20-50)

Três breves sequências compõem esta parte central, em que tudo muda: a vida pública de Jesus se conclui, ao mesmo tempo em que são preparados os eventos de sua morte e ressurreição. Primeiramente, alguns gregos querem ver Jesus, que então reconhece que a Hora de sua Glória chegou (Jo 12,20-23): ele não devia morrer unicamente pelo povo judeu, mas para a salvação de todos os homens (cf. Jo 11,51-52). Jesus também faz um último apelo àqueles que o seguem, aos leitores e aos ouvintes do evangelho (Jo 12,35-36). Na sequência, o evangelista faz um balanço da vida pública de Jesus, um balanço aparentemente marcado por grande fracasso (Jo 12,37). Mas para interpretar este fracasso segundo o desígnio misterioso de Deus, o evangelista recorre ao Profeta Isaías (Jo 12,38-41), com o qual ele já abrira seu livro (cf. Jo 1,23). Por fim, Jesus faz uma impressionante síntese de sua mensagem, na qual ele repete que fala em nome do Pai (Jo 12,44-50).

O Livro da Hora da Glória: amar até morrer para dar a vida (Jo 13,1-20,29)

A última ceia de Jesus com seus discípulos (Jo 13,1-17,26)

Cinco capítulos são dedicados à última ceia de Jesus com seus discípulos: um quarto do livro para apenas uma noite! Relatam dois gestos – o lava-pés (Jo 13,1-20) e o dom do bocado a Judas (Jo 13,21-30) –, dois discursos (Jo 13,31–14,31; 15,1–16,33) e uma oração (Jo 17,1-26). Curiosamente, o Quarto Evangelho não traz – como os sinóticos – a narrativa da instituição da Eucaristia. Entretanto, ele não ignora este sacramento, longamente evocado em João 6, e de modo mais alusivo em João 15 (tema da Videira) e em João 21 (refeição à beira do lago após a Páscoa). De modo muito original, João substitui a narrativa litúrgica por aquela do lava-pés, gesto de serviço humilde e de caridade fraterna (Jo 13,1-15). Em suas vidas como seguidores do Mestre, os discípulos não devem separar a prática sacramental do serviço ao próximo: os dois elementos levam a "ter parte" com o Senhor (Jo 13,8). Jesus declara ao "discípulo que ele amava" – e que aqui entra na história (Jo 13,23-35) – que ele mesmo irá preparar o bocado e dá-lo àquele que o entregará. Segundo o costume, Jesus, que "amou os seus até o extremo" (Jo 13,1), honra deste modo Judas: tal gesto de amor por um discípulo frequentemente condenado nos convida a fazer silêncio sobre o destino eterno de Judas.

O estranho "Levantai-vos, partamos daqui!" (Jo 14,31), enquanto Jesus continua a falar sem mudar de lugar, permite-nos distinguir dois discursos: um marcado pela temática espacial (Jo 13,31–14,31), e o outro pela temática temporal (Jo 15,1–16,33). Neles Jesus dá o novo mandamento do amor (Jo 13,34-35; 15,12-17). Apresentando-se como a videira da qual seus discípulos são os ramos (Jo 15,1-8), ele os convida a "produzir frutos", para a glória do Pai – conforme à primeira palavra divina endereçada à humanidade (Jo 15,8; cf. Gn 1,28) –, e promete-lhes a assistência do Espírito (Jo 14,15-17.25-26; 15,26-27; 16,7-15). A seção se conclui com uma longa oração, em que Jesus confia a seu Pai todos os seus discípulos, imediatos e futuros (Jo 17,1-26), orando por sua unidade, "a fim de que o mundo creia" (Jo 17,21.23). Ele quer que eles sejam para sempre associados à sua Glória (Jo 17,24), na Casa do Pai, em suas múltiplas moradas (Jo 14,2-3).

A Hora da Glória de Jesus (Jo 18.1-20.29)

Na narrativa da Paixão e Ressurreição, João insiste na liberdade de Jesus, que guarda sua inteira iniciativa até o fim: ele mesmo vai em direção daqueles que vêm prendê-lo (Jo 18,4-8), para dar livremente sua vida: "Ninguém me tira a vida, mas por mim mesmo eu dela me despojo" (Jo 10,18). Sublinha também o papel das autoridades de Israel em sua condenação à morte. Fazendo alusão ao Sumo Sacerdote, e não a Judas, Jesus diz a Pilatos: "Quem me entregou a ti tem um pecado maior" (Jo 19,11). Enfim, João constrói um impressionante diálogo entre Pilatos e Jesus, em que este fala ao representante de Roma de seu Reino que não é deste mundo e de sua missão em favor da verdade (Jo 18,36-37). O próprio Jesus carrega sua cruz (Jo 19,17), sem a ajuda de Simão de Cirene, e morre como o novo cordeiro pascal (Jo 19,14.36). Seu corpo crucificado e traspassado é o novo Templo, de onde jorra a água viva (Jo 19,34.37). João vê na morte (Jo 19,30) e ressurreição de Jesus (Jo 20,22) um verdadeiro Pentecostes. A narrativa do túmulo vazio e as aparições do Ressuscitado põem em relevo certos discípulos: o "discípulo que Jesus amava" (Jo 20,8), Maria de Magdala (Jo 20,16) e Tomé (Jo 20,27-29). Tomé, cujo nome significa "duplo" ou "duplicado", exerce na narrativa um duplo papel: enquanto um dos Doze, como os outros deve ver o Ressuscitado e nisto se alegrar, o que ele fará; mas, enquanto ausente na noite de Páscoa, representa as futuras gerações de crentes que deverão acolher com fé o testemunho dos primeiros discípulos. Endereçando-lhe sua última palavra – "Bem-aventurados os que não viram e contudo creram" (Jo 20,29) –, na verdade Jesus se dirige aos leitores das futuras gerações.

Primeira conclusão (Jo 20,30-31)

Na primeira edição, o evangelho devia terminar logo após este episódio com uma conclusão forte (Jo 20,30-31). Se ignorássemos a existência do capítulo 21, não repararíamos nenhuma falta nesta narrativa. Os capítulos 1–20 contêm todos os elementos que compõem um evangelho: a vida pública de Jesus, seus encontros, seus atos e suas palavras, sua morte, e depois sua manifestação como Ressuscitado. O evangelista desfaz o desejo ilusório de tudo saber sobre todos os instantes da vida de Jesus: ele nos oferece uma seleção bem pensada de *sinais*, a partir dos quais o leitor tem em mãos tudo o que precisa para realizar seu ato de fé em Jesus, e por conseguinte para obter a vida eterna.

O Epílogo (Jo 21,1-24)

O último capítulo é considerado por muitos um acréscimo posterior à primeira edição, como o Prólogo. Ele evoca um último encontro dos discípulos com o Ressuscitado, retomando desta vez o quadro galileu proposto por Marcos e Mateus. A ligação com o capítulo precedente é pouco feliz: os discípulos não parecem já ter encontrado o Ressuscitado, e retomaram seu antigo trabalho, a pesca (Jo 21,3). O interesse pela cristologia cede lugar a considerações eclesiológicas. Assim, a pesca superabundante e a refeição às margens do lago têm ressonâncias eucarísticas (Jo 21,4-14, cf. Jo 6,1-15). Por meio de um tríplice interrogatório, que recorda sua tríplice negação, Pedro recebe o cargo de pastor (Jo 21,15-17); mas as ovelhas pertencem a Cristo, o único Pastor verdadeiro (cf. Jo 10,11.14). Além disso, Jesus anuncia a Pedro a proximidade de seu martírio, pelo qual ele glorificará o Pai (Jo 21,18-19). Quanto ao "discípulo que ele amava", Jesus parece anunciar que ele permanecerá até seu retorno. Sua morte também desconcertou os discípulos; mas para o autor desta última página é por meio de seu livro – o evangelho – que ele permanecerá até a vinda do Senhor (Jo 21,20-24). O anonimato escrupulosamente conservado em relação a este discípulo permite ao leitor identificar-se a ele. Ele se torna, portanto, o modelo ideal daqueles que ao longo dos séculos confiaram por sua vez no amor do Senhor para com eles.

Segunda conclusão (Jo 21,25)

O último versículo do evangelho retoma um tema conhecido do judaísmo antigo: "O *restante das ações* de Judas, de seus combates, das proezas que realizou, de seus títulos de glória *não foi escrito*, pois era demais" (1Mc 9,22); "Se [Deus] quisesse mostrar a sua riqueza, a terra inteira não poderia contê-la" (Fílon de Alexandria, *Sobre a posteridade de Caim*, § 144). Para o grande teólogo Orígenes (185-253), a sequência final de João fala de livros escritos "evidentemente sobre a glória e a majestade do Filho de Deus. Pois é impossível colocar por escrito o que concerne à glória do Salvador" (*Tratado sobre os Princípios* II,6,1). O último versículo joanino sublinha o caráter inesgotável do mistério de Jesus. Ora, na ordem atual de nossas Bíblias, ele conclui o conjunto dos Quatro evangelhos. Lutando contra os falsos evangelhos que se multiplicavam em seu tempo, Irineu de Lyon falava de um único evangelho do Cristo sob quatro formas, e acrescentava: "Não pode haver nem maior nem menor número de Evangelhos" (*Contra as heresias* III,11,8).

Plano do evangelho segundo João

CAPÍTULOS E VERSÍCULOS	TEMA(S)
1,1-18	**O Prólogo, um pórtico real**
1,19–12,50	**O Livro dos Sinais: vida ofertada, morte programada**
1,19–6,71	A oferta da vida
1,19-51	O testemunho de João (Batista)
1,19-28	... perante as autoridades religiosas (em Betânia, além do Jordão)
1,29-34	... em favor do Cordeiro de Deus e do Filho / Eleito de Deus
1,35-42	Fecundidade do testemunho de João: André segue Jesus e leva seu irmão até ele
1,43-51	Fecundidade (sequência): Filipe e Natanael descobrem o Messias das Escrituras
2,1-22	Um escrito duplamente posto sob o signo pascal
2,1-12	O terceiro dia, começo dos sinais, em Caná da Galileia
2,13-22	A Páscoa judaica em Jerusalém, anúncio da Páscoa de Jesus
2,23–4,3	Os dois rabis e os dois batismos
2,23–3,21	O rabi Jesus anuncia a Nicodemos o novo nascimento
3,22–4,3	O rabi João (Batista) anuncia a vinda do Esposo

CAPÍTULOS E VERSÍCULOS	TEMA(S)
4,4-42	Na Samaria, Jesus é confessado como Messias e Salvador do mundo
4,4-30	Jesus encontra a samaritana junto à fonte de Jacó
4,31-42	Discípulos e samaritanos descobrem a missão de Jesus e sua fecundidade
4,43-54	Na Galileia, Jesus devolve a vida a um moribundo: segundo sinal de Caná
5,1-47	Em Jerusalém, Jesus cura um enfermo e defende sua ligação com seu Pai
5,1-18	Cura de um enfermo junto à piscina de Betzatá
5,19-30	Tal pai, tal filho: "O Filho não pode fazer nada por si mesmo"
5,31-47	As testemunhas de Jesus: João (Batista), o Pai, as obras, as Escrituras
6,1-71	Na Galileia, Jesus se apresenta como o pão da vida
6,1-15	Jesus alimenta a multidão com cinco pães de cevada e dois peixinhos
6,16-24	Um mar e uma multidão fortemente agitados
6,25-30	Crer naquele que o Pai enviou
6,31-50	Pão de Deus, pão do céu, pão da vida
6,51-59	Comer a carne do Filho do homem para ter a vida eterna
6,60-71	Seguir livremente Jesus ou deixá-lo?
7,1–10,42	*Jesus em debate: a festa das Tendas*
7,1-36	O anúncio e os primeiros dias da festa

CAPÍTULOS E VERSÍCULOS	TEMA(S)
7,1-9	Jesus posto à prova por seus próximos, na Galileia
7,10-36	Jesus ensina no Templo de Jerusalém, durante a festa
7,37–10,21	O último dia da festa
7,37-52	Jesus, fonte de água viva: chamado e reações
7,53–8,11	Jesus e a mulher adúltera [narrativa canônica e inspirada, mas não joanina]
8,12-20	Jesus, luz do mundo: chamado e reações
8,21-30	"Quem és tu?": a identidade profunda de Jesus
8,31-59	Abraão, Deus e o diabo: um conflito de paternidades
9,1-41	Cura de um cego de nascença, endurecimento daqueles que "sabem"
10,1-21	Jesus, a Porta das ovelhas e o verdadeiro Pastor
10,22-42	Debate acirrado entre Jesus e "os judeus", durante a festa da Dedicação
11,1–12,19	*Lázaro, testemunha de silêncio eloquente*
11,1-44	Retorno de Lázaro à vida
11,45-57	As autoridades religiosas decidem matar Jesus
12,1-11	O jantar em Betânia e a unção profética de Maria
12,12-19	Entrada solene de Jesus em Jerusalém

CAPÍTULOS E VERSÍCULOS	TEMA(S)
12,20-50	A chegada da Hora
12,20-36	Alguns gregos querem ver Jesus; último apelo a crer na luz
12,37-43	Fracasso da pregação de Jesus, por causa do endurecimento dos corações
12,44-50	Recapitulação da missão de Jesus: falar em nome do Pai
13,1–20,29	**O Livro da Hora da Glória: amar até morrer para dar a vida**
13,1–17,26	A última ceia de Jesus com seus discípulos
13,1-30	Pés lavados e bocado dado: dois gestos de amor
13,31–14,31	O mandamento do amor fraterno – Primeiro discurso de despedida
15,1–16,33	"Produzir frutos" para a glória do Pai – Segundo discurso de despedida
17,1-26	A grande oração de Jesus por seus discípulos, presentes e futuros
18,1–20,29	A Hora da Glória de Jesus
18,1-12	A prisão de Jesus no jardim do Cedron
18,13-27	Jesus comparece perante os sumos sacerdotes, e Pedro o renega
18,28–19,16a	Jesus comparece perante Pilatos e é condenado à morte
19,16b-30	Jesus conclui sua missão, morrendo na cruz
19,31-42	Cumprimento das Escrituras e funeral de um rei para Jesus

CAPÍTULOS E VERSÍCULOS	TEMA(S)
20,1-10	Simão Pedro e o "discípulo que Jesus amava" junto ao túmulo vazio
20,11-18	Maria de Magdala, anunciadora da Ressurreição
20,19-23	Aparição do Ressuscitado aos discípulos, trancados por medo
20,24-29	Aparição do Ressuscitado a Tomé e anúncio de bem-aventurança para as futuras gerações
20,30-31	**Primeira conclusão: crer em Jesus para possuir a vida**
21,1-24	**Epílogo: o Senhor e sua Igreja**
21,1-14	A pesca superabundante, sinal da missão fecunda da Igreja
21,15-19	A vocação de Pedro: pastoreio e martírio
21,20-24	A vocação do "discípulo que Jesus amava": testemunhar por escrito
21,25	**Segunda conclusão: Jesus, mistério inesgotável**

3
O Quarto Evangelho: um Evangelho diferente?

Os evangelhos sinóticos possuem um mesmo modo de fazer Jesus falar e de situá-lo no meio de seu povo. Isso vem da tradição oral e dos primeiros textos escritos, Marcos e a Fonte Q (Quelle = significa "fonte", em alemão), em parte retomados por Mateus e Lucas. Mas, com João, lidamos com uma obra diferente: ele tem um modo próprio de contar a vida de Jesus e de falar de Deus.

Uma aparência teatral

João constrói as cenas e apresenta os personagens de maneira teatral, colocando Jesus na presença de um único interlocutor: Nicodemos, a samaritana, o cego de nascença, Pilatos; apenas um doente curado, um só discípulo que o interpela, uma mulher apenas junto ao túmulo. Às vezes, ele está com seus discípulos; outras vezes, cercado pelas autoridades (Jo 10,24, cf. Sl 22,13.17; 118,10-12). Cada personagem interpreta um papel, destacando esta ou aquela atitude perante Jesus. Além disso, João alterna grandes narrativas e longos discursos, nos quais Jesus utiliza uma linguagem diferente daquela dos sinóticos. Ora, as epístolas joaninas empregam a mesma linguagem: o texto vem então da escola joanina, não de Jesus.

João gosta de justapor as diferentes proposições, abusa da partícula "portanto" (cerca de 200 vezes), e facilmente associa os diversos tempos gramaticais: perfeito (ação passada, cujos efeitos permanecem), passado e presente. Como o AT, ele não teme nem as repetições nem os paralelismos, nem as estruturas concêntricas e as inclusões. O recurso aos pares de palavras opostas dá à sua narrativa ou ao seu discurso uma impressão de dualismo, como se fosse preciso escolher entre dois extremos: luz/trevas; vida/morte; amor/ódio; verdade/mentira.

Um vocabulário pobre e, no entanto, rico

Além do que foi dito, João tem um vocabulário mais pobre do que os três sinóticos; ele emprega 1.011 palavras, enquanto Marcos faz uso de 1.345, Mateus, 1.691, e Lucas, 2.055! Ele ignora algumas palavras-chave da tradição sinótica: "ter piedade", "coletor de impostos", "conversão", "Evangelho", "parábola", "orar", "proclamar", "poder" etc. Outras, como "reino" (Jo 3,3.5; 18,36abc), são raríssimas. Os sinóticos falam de espíritos maus expulsos por Jesus, mas João só emprega a palavra "demônio" em referência a Jesus, acusado de ter um demônio ou de ser um (Jo 7,20; 8,48.49.52; 10,20.21).

Em contrapartida, João usa termos teológicos bastante raros nos sinóticos: "amar" e "amor" (Mt: 9 vezes; Mc: 5-6 vezes; Lc: 14 vezes; Jo: 44 vezes!), "conhecer" (respectivamente 20; 13; 28; 56 ou 57 vezes!); "permanecer" (3; 2; 7; 39 ou 40!); "Eu sou", o nome de Deus no Antigo Testamento (14; 4; 16; 54!); "os judeus"

(5; 6; 5; 66 ou 67!); "mundo" (8; 2; 3; 78!); Deus como "Pai" (44-45; 4; 16-17; 118!); "testemunhar" e "testemunha" (4; 6; 5; 47!); "verdade", "verdadeiro", "verídico" (2; 4; 4; 46!); "vida", divina ou eterna (7; 4; 5; 35-36!). Muitos destes termos também são lidos nas cartas joaninas. João possui expressões próprias: "crer em", "permanecer em", "(não) ser deste mundo", "dar fruto"; o duplo *amén amén* ("em verdade, em verdade...") introduz uma sentença importante (25 vezes); para ele, Deus é "Aquele que me enviou" (24 vezes); Jesus é a "luz" (23 vezes) e diz "Eu sou (isso ou aquilo)" (13 vezes).

Por seu vocabulário, João é próximo da Bíblia grega (Septuaginta), do historiador Flávio Josefo e do filósofo Fílon de Alexandria, mas também de escritos gnósticos (sem ligação direta com eles). Algumas destas expressões são lidas nos Manuscritos de Qumran: "fazer a verdade", "a cólera de Deus permanece nele", "testemunhar a verdade", "andar nas trevas", "a luz (da) vida", "o espírito da verdade", "o filho da perdição" etc. Ele também traduz para seus leitores termos em aramaico, como *rabi, rabbouni,* Messias, Céfas, Siloam ("Siloé"), *Gabbatha, Golgotha.*

Enfim, João gosta de palavras de duplo sentido: o último verbo do Prólogo significa "fazer conhecer", "contar", mas também "conduzir" (Jo 1,18b, cf. os dois sentidos do verbo "guiar"); o mesmo verbo significa "erigir" ou "despertar", mas também "ressuscitar" (Jo 2,19-22); o mesmo advérbio significa "novamente" e "do alto" (Jo 3,3-7); o mesmo verbo evoca uma elevação, mas também uma exaltação gloriosa (Jo 3,14; 8,28; 12,32); "ele amou [os seus discípulos] até o fim" significa até a morte, mas também o maior amor possível (Jo 13,1); "ele entregou o espírito" significa "ele deu seu último suspiro", mas também "ele transmitiu o Espírito" (Jo 19,30).

Ironia e simbologia

Para cativar seu leitor, João faz uso de procedimentos literários. O mal-entendido sublinha a dissimetria entre Jesus e seus interlocutores, como Nicodemos (Jo 3,1-12) ou a samaritana (Jo 4,7-15): eles o interrogam, e ele os faz progredir paulatinamente. Por meio da ironia, João faz uma personagem dizer uma verdade em relação à qual ela não faz ideia: assim, os fariseus dizem que Jesus é de origem desconhecida (Jo 9,29b); ora, este é um dos sinais do Messias (Jo 7,27b), logo, os fariseus afirmam a messianidade de Jesus!

Mas João se vale sobretudo da simbologia. A narrativa de Caná evoca a participação de Jesus em uma festa local, mas suas especificidades convidam-nos a fazer uma leitura simbólica desta passagem: a boda evoca a Aliança de Deus com Israel, e a Torá torna-se Evangelho se a água para as abluções se torna o bom e abundante vinho (cf. Am 9,13-14). A passagem do cego de nascença fala de uma cura, mas também sugere a abertura dos olhos da fé em todo discípulo de Jesus, o Enviado do Pai (Jo 9). As lágrimas de Jesus junto ao túmulo de Lázaro falam de sua emoção face à perda de um amigo (Jo 11,35), mas também de sua emoção frente à sua morte iminente (cf. Hb 5,7). Para citar outro exemplo, a sede de Jesus crucificado é real (Jo 19,28), mas também constitui a última ação a ser realizada para cumprir as Escrituras (cf. Sl 69(68),22).

A serviço da simbologia, João faz uso de toda uma série de imagens que falam a todo homem. Assim, Jesus é a porta, o caminho, a luz no caminho, o pastor que conduz seu rebanho e o pão que sacia! João acumula imagens para descrever este ou aquele aspecto da missão de Jesus, sem se preocupar com sua compatibilidade mútua. O leitor não precisa privilegiar um para lhe dar caráter exclusivo. É sem dúvida esta capacidade de releitura simbólica que faz com que João seja chamado de "um evangelho espiritual". Isso explica o real fascínio que ele exerce ainda hoje, para além do pequeno círculo dos cristãos. Sem esquecer nem desprezar as realidades concretas, João orienta o leitor em direção a um invisível ainda mais real: o mundo de Deus. Mas como bom teólogo, mantém seus pés no chão e conhece as capacidades da alma humana.

Uma narrativa complexa

Uma leitura atenta do Quarto Evangelho permite-nos nele observar passagens duplicadas, que possivelmente são utilizadas com a intenção de insistir numa posição; podem também ser indícios de uma atividade redacional: João 1,15 // 1,30; João 1,29 // 1,35-36; João 1,31-32 // 1,33; João 7,34 // 8,21 etc. Do mesmo modo, rupturas, descontinuidades e incoerências podem indicar uma redação em várias etapas, com diversos interventores do meio joanino. Eis os casos mais evidentes:

- A narrativa tem duas conclusões: João 20,30-31 e João 21,25. A segunda se inspira na primeira, retomando um *leitmotiv* da Antiguidade: o caráter inesgotável de tal tema. Sem Prólogo nem Epílogo, João 1,19–20,31 forma um evangelho completo.
- João 21,24-25 sugere várias etapas e intervenções na constituição do livro: o testemunho do discípulo amado; *nós*, os membros da escola joanina, e o *eu* do redator final (Jo 21,25).
- O Prólogo contém várias palavras importantes que não mais encontramos no restante do texto, mas que são

conhecidas pela tradição paulina: "Palavra", "graça", "plenitude".
- No Prólogo, duas passagens a respeito de João Batista interrompem o desenvolvimento textual (Jo 1,6-8.15). O v. 15 pode ter sido acrescentado para ligar o Prólogo ao que se segue (cf. o v. 30). Os vv. 6-8 recordam alguns inícios de histórias bíblicas: "Havia um homem de Soreá, do clã dos danitas, que se chamava Manôah" (Jz 13,2); "Havia um homem da montanha de Efraim que se chamava Mikáiehu" (Jz 17,1); "Havia um homem de Ramatáim-Sofim, na montanha de Efraim. Chamava-se Elqaná, [...]" (1Sm 1,1); "Havia em Benjamin um homem chamado Qish, [...]" (1Sm 9,1) etc. Antes do Prólogo ter sido acrescentado, o evangelho poderia abrir-se por estes vv. 6-8, seguidos do v. 19: "Houve um homem enviado por Deus; seu nome era João. Ele veio como testemunha, para dar testemunho da luz... Ele não era a luz, mas devia dar testemunho da luz... E eis o testemunho de João...". Assim, João Batista é situado na sequência dos homens de Deus das antigas tradições bíblicas, e a história de Jesus é ligada à de Israel.
- João 10,40-42 oferece uma primeira conclusão ao ministério de Jesus: Jesus volta ao lugar onde tudo havia começado com o Batista (cf. Jo 1,28). Vemos deste modo um todo que se apresenta, possivelmente uma primeira versão da vida pública de Jesus. A narrativa de Lázaro (Jo 11,1–12,19) teria sido inserida depois, para tornar-se a causa principal da morte de Jesus, mas também o anúncio de sua ressurreição. A continuação do capítulo 12 constitui uma nova conclusão do ministério, com uma

verdadeira saída de cena de Jesus, como num teatro: "Depois de lhes ter falado assim, Jesus se retirou e se escondeu deles" (Jo 12,36). Vem a seguir um discurso intemporal que resume a atividade de Jesus (Jo 12,44-50), com uma possível alusão, por inclusão, ao Prólogo ("palavra", Jo 1,1-2.14 // "falar", Jo 12,50).

— A última ceia de Jesus antes de sua Paixão contém um longo discurso de despedida (Jo 13,31–16,33), seguido de uma oração (Jo 17). No meio do discurso, Jesus diz: "Levantai-vos, partamos daqui" (Jo 14,31), mas ele continua seu discurso (Jo 15,1-8). Ele vai para outro lugar só mais tarde (Jo 18,1). Alguns pensam que numa primeira versão haveria um breve discurso (Jo 13,31–14,31), seguido da passagem da prisão de Jesus (Jo 18,1-12), como em Marcos (cf. Mc 14,25-26). Mais tarde, um novo discurso teria sido acrescentado (Jo 15,1–16,33), além da oração (Jo 17). O primeiro discurso tem linguagem espacial (casa, morada, lugar, caminho), o segundo, temporal (hora, agora, futuro, hora do parto etc.). Outros autores veem no segundo discurso uma *releitura* do primeiro, uma reescritura feita por outra mão, em outras circunstâncias.

Uma narrativa aberta, para ser lida de ponta a ponta

Apesar destes indícios de uma redação complexa, podemos ler os 21 capítulos em sequência como uma ampla narrativa que conta o cumprimento do plano divino da salvação por intermédio de Jesus. Um plano enraizado na história e nas Escrituras de Israel, mas que visa todos os homens, inclusive os samaritanos (cf. Jo 4,4-42) e os gregos (cf. Jo 7,35; 12,20), pois "Deus, com efeito, amou tanto o mundo que deu o seu Filho, o seu único [...], para que o mundo seja salvo por ele" (Jo 3,16-17); mas "a salvação vem dos judeus" (Jo 4,22).

Com o Prólogo e o Epílogo desenha-se uma vasta trajetória: o começo – "No início" – faz referência à Criação do mundo (Jo 1,3-5; 17,24, cf. Gn 1,1-31), mas também à preexistência do Verbo (Jo 1,1-2, cf. Gn 1,1; Pr 8,22-23). Este é o ponto *alfa*. No outro extremo aparece um ponto *ômega*, a vinda gloriosa do Ressuscitado: "Se eu quero que ele fique até que eu venha" (Jo 21,22-23). Entre os dois, o livro que conta o ministério de Jesus e sua páscoa *continua a ser* uma fonte sempre inspiradora para aqueles que não viram os sinais de Jesus, mas leem com fé o testemunho dos primeiros discípulos (cf. Jo 20,29-31; 21,24).

4
O evangelho do Filho enviado
Tema 1

O evangelho segundo João chama a atenção pela insistência em relação à paternidade de Deus. Das cerca de 140 ocorrências da palavra *pater*, "pai", 120 são utilizadas por Jesus para designar Deus como seu Pai, ou dos homens. Não temos isso nos sinóticos. Mateus (28 capítulos, contra 21 de João) emprega este termo cerca de 60 vezes (por exemplo, "nosso [vosso] Pai que está nos céus"), mas "seu" Jesus só chama Deus de "meu Pai" 5 ou 6 vezes. Em Lucas (24 capítulos), "pai" se lê umas 50 vezes; mas Jesus fala de Deus como Pai só 7 vezes, evoca-o só 4 vezes como "meu Pai" e 5 vezes dizendo: "Pai!". Em Marcos (16 capítulos), "pai" designa Deus 4 ou 5 vezes.

O primeiro prêmio para o uso teológico do termo *pater* pertence sem dúvida a João. Todavia, o Pai é discreto no evangelho, em que fala só 2 vezes, e sem se apresentar como tal (Jo 1,33; 12,28). Para João, é em Jesus que precisamos buscar as alusões à paternidade de Deus: Jesus fala de Deus como seu Pai e se apresenta como seu Filho.

Ora, "o Filho não pode fazer nada por si mesmo, mas somente o que vê o Pai fazer; pois o que o Pai faz, o Filho o faz igualmente" (Jo 5,19). Em razão do artigo que qualifica "o Filho", temos o costume de ler este versículo em sentido teológico, colocando letra maiúscula nas palavras filho e pai: o Filho (único) age como seu Pai. Mas este versículo parece primeiramente evocar a imitação do pai no aprendizado de uma profissão, como ouvimos no ditado: *tal pai, tal filho*. Até a metade do último século, este era um fato universal: o filho deveria continuar na profissão de seu pai. O evangelho de João teria retomado este ditado, para dar-lhe um sabor teológico novo: trata-se de situar Jesus como Filho em relação ao Pai, o Deus de Israel. Para João, Jesus é o Filho enviado pelo Pai.

Uma cristologia centrada no Pai

Costuma-se dizer que o Jesus dos sinóticos anuncia a vinda do Reino de Deus, enquanto o de João anuncia a si mesmo. Na verdade, o principal personagem do Quarto Evangelho é o Pai. Seu Jesus não fala tanto de si mesmo, mas sim do Pai. Ele se faz seu Revelador absoluto, a ponto de podermos considerá-lo a Revelação em pessoa. Os judeus lhe perguntam: "O teu Pai, onde está ele?" (Jo 8,19), e pouco depois lhe fazem uma segunda questão: "Afinal, quem és tu?" (Jo 8,25). Para João, estas duas questões estão ligadas. Conhecer Jesus é entrar em comunhão com o Pai. Assim, João apresenta Jesus como "o Filho", e Deus como o seu Pai.

Mas ele não é o primeiro a agir assim. Nos anos 50, Paulo, o primeiro autor cristão, já o fazia (1Ts 1,9b-10a; Gl 1,15-16; 4,4). Para ele, a vida cristã é uma vida filial, animada pelo Espírito: "Filhos, vós bem que o sois: Deus enviou aos nossos corações o Espírito do seu Filho, que clama: *Abbá* – Pai!" (Gl 4,6; cf. também

Rm 8,15). O evangelho de Marcos põe esta palavra aramaica na boca de Jesus: "*Abbá*, Pai, tudo te é possível, afasta de mim esse cálice!" (Mc 14,36). Em Lucas, Jesus ensina esta oração: "Pai, que teu nome seja santificado" (Lc 11,2), que recorda o *Abbá* de Jesus, caso único no mundo judaico antigo. Em Mateus e em Lucas, Jesus diz: "Tudo me foi entregue por meu Pai. Ninguém conhece o Filho, a não ser o Pai, e ninguém conhece o Pai, a não ser o Filho, e aquele a quem o Filho quiser revelá-lo" (Mt 11,27 // Lc 10,22). Este versículo se parece tanto com o modo de falar de João, que é qualificado como "joanino". Na verdade, como João é o último a escrever, deve-se ver a coisa em sentido contrário: apresentando a relação entre Jesus e Deus como aquela que une um filho a seu pai, João retoma uma prática dos primeiros cristãos. Mas confere-lhe uma dimensão jamais vista anteriormente.

O Filho do Pai em João

O Prólogo evoca o gesto do Verbo Incarnado: "E o Verbo se fez carne e habitou entre nós, e nós vimos a sua glória; glória essa que, Filho único cheio de graça e de verdade, ele tem da parte do Pai" (Jo 1,14). João introduz aqui um adjetivo que ele emprega ainda três vezes em relação a Jesus: "Filho único" (Jo 1,14.18; 3,16.18). Na Bíblia, este adjetivo designa um filho único, seja filho (Tb 3,15), ou filha (Jz 11,34; Tb 6,11), ou mesmo os dois juntos (Tb 8,17). Esta qualificação sublinha a originalidade da relação do Verbo com o Pai, que é costumeiramente expressa pelo simples binômio "Pai-Filho", já conhecido de Paulo e dos sinóticos. Trata-se de uma relação de amor: "O Pai ama o Filho e entregou tudo em sua mão" (Jo 3,35); "o Pai ama o Filho e lhe mostra tudo o que faz" (Jo 5,20). O amor do Pai pelo Filho existe desde sempre: "(Tu) me amaste desde antes da fundação do mundo" (Jo 17,24). O Prólogo exprime esta proximidade eterna entre o Pai e seu Filho único dizendo que este "está no seio do Pai" (Jo 1,18). João evoca com frequência o amor do Pai para com o Filho (Jo 10,17; 15,9.10; 17,23.26).

Do mesmo modo, o Filho ama o Pai e o honra (Jo 8,49; cf. o Decálogo, Ex 20,12!). Só o Filho viu o Pai (Jo 6,46) e o conhece (Jo 8,55). Ele recebe tudo dele, inclusive a vida (Jo 5,26; 6,57), menos sua qualidade de Pai, que faz dele "maior" (Jo 14,28). Pai e Filho conhecem um ao outro de um modo único: "o Pai me conhece e eu conheço o Pai" (Jo 10,15). E porque o Pai está sempre com ele, o Filho nunca está só (Jo 8,16; 16,32); a comunhão dos dois é estreita (Jo 10,30.38; 14,10.11). Pretender tal intimidade com Deus choca os interlocutores de Jesus: "ele não somente violava o sábado, mas ainda chamava a Deus de seu próprio Pai, fazendo-se igual a Deus" (Jo 5,18); "É por uma blasfêmia que te queremos apedrejar, porque tu, sendo homem, te fazes Deus" (Jo 10,33). Contudo, no antigo Oriente Próximo dava-se ao rei o título de "filho de Deus", e o AT emprega-o para se referir ao rei-messias. Pouco antes da era cristã, o uso deste título será ampliado a todo homem justo que vive segundo a vontade de Deus, correndo o risco de desagradar os ímpios (Sb 2,10-18). Em João, Jesus nunca se chama "Deus", e declara somente uma vez: "sou o Filho de Deus" (Jo 10,36). Mas ele reivindica uma ligação estreita e única com o Deus da Revelação bíblica. Trata-se de um elo de intimidade tão forte que lhe permite dizer, com audácia, não somente "o Pai", mas também "meu Pai".

O Enviado do Pai

Um dos elementos mais marcantes da cristologia joanina é aquele do envio: João frequentemente apresenta Jesus como um Enviado. Na Bíblia, esta designação qualifica todo verdadeiro profeta (Jr 26,5). Assim, diz-se de João Batista: "Houve um homem enviado por Deus; seu nome era João" (Jo 1,6). No AT, isto é dito de Moisés (Ex 3,10-15; 5,22), de Elias (Ml 3,1.23), de Isaías (Is 6,8), de Jeremias (Jr 1,7; 26,12.15) e de Ezequiel (Ez 2,3; 3,5-6). Como os profetas, Jesus foi enviado para cumprir uma missão: ele veio não por si mesmo, mas em nome do Pai, enviado pelo Pai. No antigo Oriente Próximo, um enviado – ou um embaixador – torna verdadeiramente presente aquele que o envia, a ponto de que a honra devida àquele que envia se deva ao seu enviado. João adota esta ideia de seu tempo e a transpõe para falar da relação entre Jesus e Deus (Jo 5,23).

Para designar o Pai, o Jesus joanino emprega com muita frequência a fórmula "aquele que me enviou", forjada a partir do verbo grego *pempein* (Jo 4,34; 5,23.24.30.37; 6,38.39.44; 7,16.18.28.33; 8,16.18.26.29; 9,4; 12,44.45.49; 13,20; 14,24; 15,21; 16,5). Costuma vir acompanhado do termo *pater* – "o Pai que me enviou" –, e esta fórmula é própria de João. O verbo grego *apostellein*, que também significa "enviar", é um pouco menos frequente (Jo 3,17.34; 5,36.38; 6,29.57; 7,29; 8,42; 10,36; 11,42; 17,3.8.18.21.23.25; 20,21); serve sobretudo para traduzir o nome de Siloé, o que evoca discretamente a piscina do batismo cristão (Jo 9,7). Os dois verbos algumas vezes são associados como sinônimos (Jo 5,36-37; 7,28-29).

Outras expressões traduzem ainda a ideia de uma missão do Filho: "vir em nome do Pai", "vir da parte do Pai" (Jo 5,43;

8,42). Para autentificar esta missão, o Pai marcou Jesus com seu selo (Jo 6,27) e o santificou (Jo 10,36). De seu lado, enquanto Revelador do Pai, Jesus busca como ele a salvação dos homens; e assim como o Pai dá a vida, também o Filho por sua vez pode dar a vida (Jo 5,21-22; 10,28). Daí as expressões "a vontade daquele que me enviou" (Jo 4,34; 5,30; 6,38.39) e "a vontade do meu Pai" (Jo 6,40). O ex-cego declara que Jesus foi ouvido porque faz a vontade de Deus (cf. Jo 9,31); e Jesus esclarece que, se ele obedece ao Pai, é porque ele o ama (Jo 14,31). Pai e Filho são tão inseparáveis que João emprega a respeito deles uma expressão bíblica: "[minhas ovelhas] ninguém poderá arrancá-las da minha mão [...]; ninguém tem o poder de arrancar alguma coisa da mão do Pai" (Jo 10,28-29; cf. Dt 32,39).

O porta-voz do Pai

Enquanto profeta, o Filho também torna o Pai presente falando em seu nome: "Eu não falei por mim mesmo, mas o Pai que me enviou prescreve-me o que tenho a dizer e a declarar. E eu sei que o seu mandamento é vida eterna: o que eu digo, digo-o como o Pai me disse" (Jo 12,49-50; cf. também Jo 8,28.38.55; 15,10). No momento de sua prisão, Jesus designa sua missão como um cálice a ser bebido. Nos sinóticos, Jesus em agonia pede ao Pai que o cálice (da morte) se afaste dele. João modifica a cena e faz Jesus dizer: "O cálice que meu Pai me deu, eu não a beberia?" (Jo 18,11). Ele, que veio para aquela hora (Jo 12,27), não pode recusar este cálice, que é dom do Pai. O Pai ama este Filho, que se lhe manteve fiel até a suprema prova (Jo 10,17-18).

João resume assim a trajetória do Filho: "Eu saí do Pai e vim ao mundo; ao passo que agora deixo o mundo e vou para o Pai" (Jo 16,28). Mas qual é o motivo da vinda do Filho entre os homens? Qual a sua missão? Inspirando-se num oráculo de Isaías, em forma de curva parabólica – descendo, e depois subindo – para falar da fecundidade da Palavra de Deus (Is 55,10-11), o Prólogo esclarece já no começo o que dirá a sequência do livro sobre a missão do Filho. Com efeito, bem no cerne da curva desenhada por ele, o Prólogo dá discretamente o motivo do envio da Palavra divina: fazer de todos os homens que a acolhem filhos de Deus (Jo 1,12), a fim de conduzi-los ao seio do Pai, num êxodo maravilhoso (Jo 1,18; cf. Sb 18,3).

O Filho do Homem

Nos Quatro Evangelhos canônicos, Jesus se apresenta frequentemente como o "Filho do Homem". Além do primeiro mártir, Estêvão (At 7,56), e do vidente do Apocalipse – que evoca "um como filho de homem" (Ap 1,13; 14,14) –, somente Jesus emprega esta expressão. No Livro de Daniel, esta expressão designa um ser celeste que tem seu trono junto de Deus, como um vice-rei (Dn 7,13-14); mas em aramaico ela significa "ser humano". Jesus teria utilizado esta expressão para designar-se ao mesmo tempo como um homem e como um ser de origem celeste, tendo certas prerrogativas divinas.

Em João, a expressão se lê uma dezena de vezes. A origem celeste do Filho do Homem é sublinhada com a ajuda do binômio "descer do céu" – "subir ao céu": "ninguém subiu ao céu senão aquele que desceu do céu, o Filho do Homem" (Jo 3,13); "Pois o pão de Deus é aquele que desce do céu e dá a vida ao mundo" (Jo 6,33). Àqueles que se escandalizam de dever comer sua carne (Jo 6,52.60), Jesus responde: "Então, isto é para vós uma causa de escândalo? E se vísseis o Filho do homem subir para onde estava antes...?" (Jo 6,61b-62) – pois Jesus deve subir novamente para junto do Pai, onde estava desde sempre (cf. Jo 1,1-2; 17,5). Mas este "retorno" ao Pai, o Filho não o fará só: ele veio abrir para a humanidade uma rota para o Pai. Este é o tema maior do Quarto Evangelho.

Para que seu projeto para a humanidade se realize, Deus enviou seu Filho. É ele quem faz a ligação entre Deus e os homens: "Em verdade, em verdade, eu vos digo: vereis o céu aberto e os anjos de Deus subindo e descendo sobre o Filho do Homem" (Jo 1,51). Jesus é apresentado como uma nova "escada de Jacó" (cf. Gn 28,12), uma ponte estabelecida entre ele e a humanidade. Ele exorta as multidões a viver do que é eterno: "É necessário que vos empenheis, não para obter esse alimento perecível, mas o alimento que permanece para a vida eterna, o qual o Filho do Homem vos dará" (Jo 6,27). É enquanto Filho do Homem que Jesus pode agir assim, pois este ser misterioso faz a ligação entre a divindade e a humanidade.

Do mesmo modo, a prática eucarística chama à estreita comunhão com Jesus para receber por meio dele a vida divina: "Em verdade, em verdade, eu vos digo, se não comerdes a carne do Filho do Homem e não beberdes o seu sangue, não tereis a vida em vós" (Jo 6,53). Jesus está encarregado de comunicar a vida de Deus, mas também de pronunciar em seu nome o julgamento: "Porque assim como o Pai possui a vida em si mesmo, assim também deu ao Filho possuir a vida em si mesmo; ele lhe deu o poder de exercer o julgamento porque é Filho do Homem" (Jo 5,26-27). Então se compreende por que Jesus, quando reencontra o ex-cego que ele curara, pergunta-lhe: "Crês no Filho do Homem?"; e tendo em vista que ele ignore sobre quem Jesus esteja falando, acrescenta: "Pois então, tu já o viste: é aquele que te fala". Então, o que fora cego professa sua fé em Jesus e se prostra diante dele (Jo 9,35-38).

Cinco menções do Filho do Homem orientam-nos para a cruz de Jesus e para seu retorno ao Pai. João sublinha o paralelismo entre a serpente de bronze forjada por Moisés e Jesus pregado na cruz: "E assim como Moisés levantou a serpente no deserto, é preciso que o Filho do Homem seja levantado" (Jo 3,14). Isso recorda a interpretação sapiencial do episódio do deserto: "[No deserto, os hebreus] tinham um penhor de salvação que lhes recordava o mandamento da tua Lei. Com efeito, todo aquele que se voltava era salvo, não pelo objeto que contemplava, mas por ti, o Salvador de todos" (Sb 16,6b-7). É Deus quem salva, mas por intermédio do Filho do Homem elevado na cruz, nova serpente de bronze. A elevação do Filho do Homem na cruz é ainda evocada duas vezes: "Quando tiverdes elevado o Filho do Homem, conhecereis que 'Eu sou'" (Jo 8,28; cf. Is 43,10); "Como podes dizer que é necessário que o Filho do Homem seja elevado? Quem é esse Filho do Homem?" (Jo 12,34). Estas três alusões à elevação do Filho do homem correspondem aos três anúncios da Paixão nos sinóticos.

Em outras duas passagens, Jesus descreve sua morte com a ajuda de outra imagem: "É chegada a hora em que o Filho do Homem deve ser glorificado" (Jo 12,23); "Agora, o Filho do Homem é glorificado por ele" (Jo 13,31). Em João, a palavra "glória" evoca não apenas o mistério do único Deus, como no AT, mas também a revelação deste mistério na pessoa e na vida de Jesus. Desde a sua encarnação, a glória do Verbo de Deus foi manifestada aos homens (Jo 1,14), mas mediante um paradoxo, pois a Palavra eterna de Deus desposou a fragilidade da condição humana (cf.

Is 40,6-8). Associando os dois verbos, "elevar" e "glorificar", à vinda da cruz – e, pois, à morte dolorosa de Jesus –, João se coloca nos passos de Isaías, que havia anunciado: "Eis que meu servo terá êxito, ele será enaltecido, elevado, exaltado grandemente" (Is 52,13, texto grego).

"Eu sou"

O Jesus joanino diz com frequência: "Eu sou" (em grego, *ego eimi*). Mas o Quarto Evangelho não inventou esta expressão cristológica, que algumas vezes encontramos nos sinóticos. Assim, quando Jesus caminha sobre as águas, ele se faz reconhecer por seus discípulos dizendo: "Tende confiança, sou eu, não tenhais medo", que se poderia também traduzir como "Tende confiança, eu sou, não tenhais medo" (Mc 6,50 // Mt 14,27). João tem inclusive um paralelo para este episódio (Jo 6,20). Em seu texto, como nos de Marcos e de Mateus, a fórmula tem um duplo sentido: ela permite que Jesus se autoidentifique ("sou eu mesmo"), mas também que afirme sua identidade divina. De fato, essas palavras lembram algumas fórmulas do Dêutero-Isaías (Is 40–55), o mais vasto conjunto textual bíblico a afirmar a unicidade de Deus: "[...] a fim de que possais compreender, ter fé em mim e discernir que eu sou: antes de mim não foi formado nenhum deus e depois de mim não existirá nenhum" (Is 43,10). As fórmulas do Dêutero-Isaías fazem alusão ao Nome divino revelado a Moisés: "Eu sou aquele que é" (Ex 3,14). Ela testemunha ainda uma fórmula do final do Pentateuco: "Vede! Vede agora: eu sou, e não há deus além de mim" (Dt 32,39).

Se os sinóticos empregam algumas vezes "Eu sou", João faz largo uso deste termo. Reservada para Jesus – com exceção de

João 9,9, em que o ex-cego fala como seu Senhor –, a fórmula se apresenta sozinha (empregos absolutos) ou seguida de um substantivo, ou ainda de uma descrição desenvolvida. Os empregos absolutos encontram suas origens nas passagens do AT evocadas acima, mas estendem a Jesus o que a Bíblia judaica dizia de Deus. O versículo de Isaías citado acima (Is 43,10) parece ter influenciado João de modo especial, pois duas ou três de suas frases são muito próximas: "Se, com efeito, não crerdes que eu sou, morrereis em vossos pecados" (Jo 8,24); "Quando tiverdes elevado o Filho do Homem, conhecereis que 'Eu sou'" (Jo 8,28); "Eu vos digo agora, antes que o fato aconteça, a fim de que, quando acontecer, creiais que eu sou" (Jo 13,19). Estas diversas sentenças estão ligadas mais ou menos com a morte de Jesus: efeito salvador desta morte, elevação do Filho do Homem, anúncio da traição de Judas. O paradoxo cristão, aqui declinado em sua versão joanina, está no fato de que a morte de Jesus é a hora de sua vitória sobre a morte e o pecado.

Leem-se outros empregos absolutos em João: "antes que Abraão fosse, eu sou" (Jo 8,58). O Jesus de João afirma sua predominância sobre as grandes figuras de Israel. Mas aqui é dado um passo suplementar, com equivalente somente no Prólogo, no qual se diz que João Batista "veio à existência" em um momento preciso da história (Jo 1,6), enquanto a eternidade do Verbo de Deus é afirmada pelo imperfeito do verbo "ser": "No início era o Verbo" (Jo 1,1). Contraste entre seres criados, por mais importante que seja sua missão, e aquele que o corpo do texto de evangelho chama "o Filho", e o Prólogo, "o Verbo": aquele que existe desde sempre, partilhando a eternidade de Deus.

À samaritana que lhe fala do Messias que deve vir, Jesus responde: "Sou eu, que estou falando a ti" (Jo 4,26). Jesus se reconhece nesta figura. Mas João também poderia estar evocando a voz divina que se dirige a Moisés na sarça ardente: "Eu sou aquele que é" (Ex 3,14). Com efeito, João respeita a invisibilidade de Deus (o Pai), porque ele atribui a seu Filho as aparições divinas do AT (cf. Jo 12,41). Enfim, por três vezes, no momento de sua prisão (Jo 18,5.6.8), Jesus se apresenta àqueles que o buscam dizendo: "Sou eu". A insistência com a qual João sublinha este tríplice *ego eimi* e a reação de seus adversários – "eles tiveram um ímpeto de recuo e caíram" (Jo 18,6) – sugere uma teofania, seja pela confusão dos ímpios – "Deus se levanta, seus inimigos se dispersam" (Sl 68(67),1) – seja pela súbita conversão deles, que caem por terra como se o adorassem.

Uma série de imagens

É ainda a partir de fórmulas bíblicas que João forjou os empregos de *ego eimi* desenvolvidos a partir de um substantivo. Ele se serve dele para exprimir sua visão da missão de Jesus e a relação excepcional que o une a Deus. Em alguns versículos, quatro fórmulas apresentam Jesus como um pão: "Eu sou o pão da vida; aquele que vem a mim não terá fome; aquele que crê em mim jamais terá sede" (Jo 6,35); "Eu sou o pão que desce do céu" (Jo 6,41); "Eu sou o pão da vida" (Jo 6,48); "Eu sou o pão vivo que desce do céu. Quem comer deste pão viverá para a eternidade" (Jo 6,51). A proveniência do céu sublinha a origem divina deste pão, assim como sua relação com a vida: somente ele pode dar a (verdadeira) vida, que dura para sempre, porque ele vem do Deus vivo. No AT, a imagem do pão exprime a Palavra de Deus. Em João, Jesus comunica as próprias palavras de Deus e por meio delas oferece a vida de Deus.

Inspirado pelo versículo de um salmo – "O Senhor é minha luz e minha salvação" (Sl 27(26),1) –, uma fórmula apresenta Jesus como a coluna de fogo que guiou os hebreus quando de sua saída do Egito (cf. Ex 13,21-22): "Eu sou a luz do mundo. Aquele que vem em meu seguimento não andará nas trevas; ele terá a luz que conduz à vida" (Jo 8,12). A fórmula é retomada sob uma forma menos solene na cena seguinte, antes da cura do cego de nascença: "enquanto eu estiver no mundo, eu sou a luz do mundo" (Jo 9,5). Como a imagem do pão, aquela da luz está relacionada com o dom da vida. A Palavra de Deus é o verdadeiro pão que alimenta (cf. Dt 8,3; Sb 16,20.26), mas ela é também uma luz na estrada (Sl 119(118),105).

No capítulo 10 temos um rebanho de ovelhas. A seu respeito, Jesus apresenta uma sequência de imagens, sem cuidar de sua compatibilidade: "eu sou a porta das ovelhas" (Jo 10,7); "Eu sou a porta: se alguém entra por mim, será salvo" (Jo 10,9), mas também: "Eu sou o bom pastor: o bom pastor se despoja da própria vida por suas ovelhas" (Jo 10,11); "Eu sou o bom pastor, eu conheço as minhas ovelhas, e as minhas ovelhas me conhecem" (Jo 10,14). Outra imagem serve, mais adiante, para responder a Tomé: "Eu sou o caminho, a verdade e a vida; ninguém vem ao Pai senão por mim" (Jo 14,6). É a única fórmula na qual três substantivos são justapostos. Mas seu contexto mostra que o termo mais importante é o primeiro: Jesus é o caminho. E este caminho leva ao Pai, ou seja, à vida: vida em plenitude, eterna comunhão com o Pai. Não é prudente extrair da tríade o termo central – verdade – e apontá-lo como um *slogan*: Jesus é a verdade! É melhor compreender que Jesus se apresenta como o verdadeiro caminho que conduz à vida, ou como aquele que leva à vida verdadeira, a do Pai.

Vários desses "Eu sou" orientam-nos para o dom da vida. O Deus da Bíblia é o Deus vivo e vivificador: é conhecendo-o e vivendo de sua Palavra que obtemos a verdadeira vida, a vida eterna. No episódio da morte de Lázaro, Jesus se apresenta mais uma vez como o enviado do Deus vivo, encarregado de comunicar a vida em seu nome: "Eu sou a Ressurreição e a Vida: aquele que crê em mim, mesmo que morra, viverá; e todo aquele que vive e crê em mim não morrerá jamais" (Jo 11,25-26). É preciso compreender o fim desta sentença solene: Jesus não afirma que seus discípulos não conhecerão a morte, mas que escaparão da morte definitiva, a morte para sempre, pois o Pai enviou o seu Filho para dar a vida eterna (cf. Jo 5,25-29; 10,10; 17,3).

Uma última imagem é empregada por Jesus para exprimir o papel que ele exerce entre o Pai e os homens: "Eu sou a verdadeira videira, e meu Pai é o vinhateiro" (Jo 15,1); "Eu sou a videira, vós sois os ramos" (Jo 15,5). Como todas as imagens, esta não diz tudo sobre a identidade e a missão de Jesus: há mais proximidade entre o Pai e Jesus que entre um vinhateiro e sua videira! Dentre as diversas imagens empregadas por João para falar de Jesus, nenhuma é suficiente para compreender toda a sua amplidão; cada qual deve ser tomada em relação ao que ela tem a dizer, e nada mais. A acumulação delas no texto de João tem apenas um objetivo: mostrar ao leitor-ouvinte a que ponto a compreensão sobre a pessoa de Jesus é limitada e inesgotável.

5
Os discípulos que dão testemunho
Tema 2

O termo *discípulo* vem do latim *discipulus*, termo ligado ao verbo *discere*, "aprender"; seu equivalente grego é *mathetés*, "aprendiz" (cf. "matemáticas"). Ao contrário do autodidata que é "seu próprio mestre", o *mathetés* aprende sua profissão deixando-se instruir por um mestre (*didaskalos*, cf. "didático"): um experto na arte, um mestre de sabedoria, ou chefe de uma escola filosófica. Uma certa afeição pode ligar o discípulo a seu mestre (cf. Sócrates), mas, em todo caso, ele guarda fielmente o ensinamento recebido e zela por sua vez em "transmiti-lo" (em grego, *paradidonai*), criando assim uma "tradição" (*paradosis*).

O AT ignora o termo *mathetés*, pois Deus se revela diretamente a seu povo: "Todos serão ensinados por Deus" (Is 54,13; Jo 6,45); logo, não há lugar para um mestre humano, nem mesmo Moisés. Mas mais tarde a tradição rabínica se inspirará no modelo grego das escolas (com mestres e discípulos), o que levará no início da era cristã ao nascimento das escolas de Hilel e de Shamai. Com audácia, e contra a tradição bíblica, Moisés será feito o modelo do *rabi*, o maior dos mestres da *Torá*. Assim, os fariseus se chamarão "discípulos de Moisés" (cf. Jo 9,28), e se falará da "cátedra de Moisés" (cf. Mt 23,2).

Os discípulos de Jesus

No NT, além daqueles de João Batista (Jo 1,35.37; 3,25; 4,1) ou dos fariseus (Mt 22,16; Mc 2,18), *mathetés* designa sobretudo os discípulos de Jesus (246 vezes de 262 ocorrências). Ele chama aqueles que escolhe a segui-lo. Seus primeiros recrutas eram pescadores do lago, que ele fará "pescadores de homens" (Mc 1,16-20; aparição do termo *mathetés* em Mc 2,14-15). Também João atribui a Jesus a escolha de seus discípulos (Jo 6,70; 13,18; 15,16.19). Mas em seu evangelho, Jesus não convida a segui-lo, a não ser no caso de Filipe (Jo 1,43), mas acolhe aqueles que vêm a ele por iniciativa própria. Ele os deixa livres para ficar ou não junto a si: "Que procurais?" (Jo 1,38); "Vinde e vereis" (Jo 1,39); "E vós, não quereis partir?" (Jo 6,67). Jesus afirma que o Pai é quem atrai seus futuros discípulos (Jo 6,44.65); e ele mesmo não pode recebê-los se o "céu" não os dá (Jo 3,27). O evangelho de João põe em cena a relação entre a liberdade humana e a graça: iniciativa humana e apelo divino não se opõem, mas, pelo contrário, andam juntos.

João nos mostra também o único emprego na Bíblia da palavra "condiscípulos" (*summathetai*, Jo 11,16). Estaria visando a multidão dos discípulos ao longo da história, para além do círculo dos primeiros companheiros de Jesus? Em todo caso, João envolve o leitor em sua narrativa: ele decide se quer ou não entrar na dinâmica do discipulado. O verbo *akolouthein*, normalmente traduzido por "seguir" ou "andar atrás", significa primeiramente "fazer caminho com" (cf. "acólito"). O leitor é convidado a um companheirismo com Jesus, como no caminho de Emaús (cf. Lc 24,15). Jesus envia seus discípulos do mesmo modo que ele mesmo foi enviado (Jo 13,20; 17,18; 20,21), e convida-os a testemunhar, por meio do amor fraterno, sua ligação com ele (Jo 13,35). Ser discípulo de Jesus é, pois, segui-lo livremente, por amor, e chegar até a morrer com ele se preciso for, a fim de partilhar a glória de sua vitória sobre a morte.

Retratos joaninos dos discípulos

Vários personagens joaninos são discípulos. Antes dos Doze – evocados duas vezes, sem seus nomes (Jo 6,67-71; 20,24) –, as primeiras páginas do evangelho nomeiam André, Simão Pedro, Filipe e Natanael, e mencionam um anônimo, tomado por muitos como o discípulo que Jesus amava (Jo 1,35.40-41.43.45). É na passagem de Caná que se fala pela primeira vez que Jesus tinha discípulos (Jo 2,2.11-12.17.22). Como João e Marcos, antes da constituição do grupo dos Doze (cf. Mc 1,16-20; 2,13-14; 3,14), uma tradição rabínica fala de cinco discípulos de Jesus: lembrança oral dos primeiros tempos? Em João, dentre os cinco primeiros, André e o anônimo são antigos discípulos do Batista (Jo 1,35.40); o próprio Jesus parece ter sido um também (cf. Jo 3,22-23.26; 4,1).

Na passagem de Lázaro, Tomé fala em nome de seus condiscípulos (Jo 11,16). Nós o reencontramos durante a última ceia de Jesus (Jo 14,5-6), assim como outros membros do grupo dos Doze: Judas Iscariotes, aquele que entregará seu senhor (Jo 13,2.26-30); Filipe, impaciente em que se lhe mostre o Pai (Jo 14,8-10); e enfim Judas, "não o Iscariotes" (Jo 14,22), sem dúvida o Judas conhecido por Lucas (Lc 6,16a; At 1,13). A presença de Tomé na noite do segundo domingo de Páscoa (Jo 20,24-28) faz dele um modelo para os futuros crentes, que se reúnem a cada semana para celebrar o Ressuscitado, fundamentando sua fé no testemunho dos primeiros discípulos (Jo 20,29-31). Enfim, no último capítulo, Tomé embarca com Simão Pedro e cinco outros discípulos – dente os quais os filhos de Zebedeu – para uma pesca noturna (Jo 21,2).

João não dá tanta importância ao grupo dos Doze, que ele nunca nomeia como apóstolos (apenas uma vez, mas neste caso *apostolos* tem o sentido banal de "enviado": Jo 13,16). Mas outras figuras do livro mostram uma atitude de discípulo, como José de Arimateia, "que era discípulo de Jesus, mas às escondidas, por medo dos judeus" (Jo 19,38). Pode-se também chamar de discípulo o cego de nascença curado por Jesus, que durante mais de vinte versículos toma sozinho a defesa de seu senhor (Jo 9,8-34), fazendo-se tratar pelos fariseus como "discípulo deste homem" (Jo 9,28).

Enfim, mesmo que ele não seja assim designado, é preciso contar também Nicodemos (Jo 3,1) entre os discípulos de Jesus. Seus colegas suspeitam que ele venha da Galileia, ou seja, de estar metido com "Jesus de Nazaré" (cf. Jo 7,52). Claro, antes de escolher o lado de Jesus, ele percorrera um longo e laborioso caminho. Finalmente, ele fez esta escolha na noite da Páscoa, quando veio ajudar José de Arimateia a sepultar Jesus, cobrindo-o com mirra e aloés, como rei-messias (Jo 19,39-42; cf. Sl 45(44),9). Por ter tocado um cadáver – que era, além do mais, de um crucificado amaldiçoado (cf. Gl 3,13) –, ele e José tornaram-se impuros, ao menos por um mês, inaptos a comer o cordeiro pascal (cf. Nm 9,6-11). Isso o distingue dos chefes religiosos, que não entraram na residência de Pilatos "para não se contaminarem e poderem comer a Páscoa" (Jo 18,28). As hesitações de

Nicodemos tornam-no muito humano: o leitor é assim encorajado a não se desesperar, mas buscar até encontrar.

Com efeito, em João cada um é convidado a cultivar uma relação pessoal com Jesus: "Se alguém quiser me servir, siga-me; e lá onde eu estiver, lá também estará aquele que me serve. Se alguém me servir, o Pai o honrará" (Jo 12,26). Ser servo de Deus é um belo título bíblico dado a Abraão (Sl 105,6.42), a Moisés (Ex 14,31; Dt 34,5; Sl 105,26), a Davi (Sl 18,1; 36,1; 78,70; 89,4.21; 132,10; 144,10), e a um anônimo misterioso (Is 42,1; 49,3), chamado a sofrer pela salvação do povo (Is 52,13; 53,4-6.10-12); também se chama Maria de "a serva do Senhor" (Lc 1,38.48). E contudo Jesus convida seus discípulos a passar da categoria de servos à de amigos: "Se alguém me ama [...], meu Pai o amará; nós viremos a ele" (Jo 14,23); "Já não vos chamo servos [...], chamo-vos amigos, porque tudo o que ouvi junto de meu Pai vo-lo fiz conhecer" (Jo 15,15). A questão feita três vezes a Pedro pelo Ressuscitado espera também uma resposta do leitor: "tu me amas?" (Jo 21,15-17). Declarando que eles são seus amigos, Jesus faz a seus discípulos uma esplêndida promessa: dar-lhes a conhecer tudo o que ele ouviu de seu Pai! Dito de outra forma, por seu intermédio seus discípulos entram plenamente em comunhão com o Pai, como filhos amados (cf. Jo 1,12; 1Jo 3,1-2). E se Jesus diz que seu servidor estará lá onde ele está (Jo 12,26), é porque ele quer conduzi-lo até "o seio do Pai" (Jo 1,18b).

Mulheres discípulas?

E as mulheres? João apresenta-as como discípulas de Jesus? Não é tão simples. Lucas evoca algumas mulheres fiéis a Jesus desde a Galileia até a manhã de Páscoa (Lc 8,1-3; 23,49.53-56;

24,1-11), e faz o único emprego bíblico do feminino de "discípulo" (*mathetria*: At 9,36). Quanto a João, não chama assim mulher alguma, e limita o grupo das mulheres junto ao túmulo apenas a Maria Madalena (Jo 20,1). Contudo, na relação dos discípulos com Jesus, coloca no mesmo patamar mulheres e homens. Entre as mulheres dignas de ser contadas como discípulas, há primeiramente a mãe de Jesus: com efeito, Jesus a chama de "Mulher!" (Jo 2,4; 19,26), como se, antes de exercer um papel maternal na comunidade, ela fosse primeiramente uma mulher chamada a se tornar discípula. Com o oficial do rei, ela é a única a crer antes de ter visto o sinal (Jo 2,5; 4,50), modelo de fé sólida. Por sua vez, a samaritana anuncia a seus próximos a vinda do Novo Moisés em Jesus (Jo 4,25.28-29.39.42; cf. Dt 18,15.18). Como o ex-cego de nascença (Jo 9,35), Marta é interrogada por Jesus a respeito de sua fé (Jo 11,26). O cego curado será chamado discípulo de Jesus (Jo 9,28), mas a irmã de Lázaro também merece este título, pois proclama a mais alta fé messiânica atribuída pelos sinóticos a Pedro (Jo 11,27). Ungindo com perfume os pés de Jesus, sua irmã, Maria – de Betânia, que deve ser distinguida de Maria Madalena –, exprime seu amor e sua fé, e Jesus interpreta seu gesto como um anúncio profético de sua vitória sobre a morte (Jo 12,3.7).

Aos pés da cruz, a mãe de Jesus é associada ao discípulo amado. Na nova família espiritual que eles inauguram, podemos incluir as duas outras mulheres mencionadas: Maria, esposa de Clopas, e Maria Madalena (Jo 19,25-27).

No dia de Páscoa, Maria Madalena é a única a trazer consigo os arômatas, segundo João (Jo 20,1.11-18). Como Tomé, ela diz: "nós não sabemos para onde..." (Tomé em Jo 14,5; Madalena: Jo 20,2), pois ambos devem passar de uma fé imperfeita, marcada pela necessidade de ver e de tocar, a uma fé total, fundada na palavra do Ressuscitado ou de suas primeiras testemunhas. Madalena reconhece Jesus quando ele a chama por seu nome (Jo 20,16), como as ovelhas reconhecem a voz do pastor (Jo 10,3.4.27). Por sua presença junto à cruz, como também junto ao túmulo, ela atesta a identidade do Crucificado e do Ressuscitado. A tradição eclesial irá chamá-la de "apóstola dos apóstolos" (*apostola apostolorum*), pois ela recebeu o primeiro anúncio da ressurreição de Jesus, e o comunicou a seus "irmãos" (Jo 20,17-18).

A comunidade joanina: uma Igreja?

Mateus é o único evangelho canônico que emprega o termo *ekklesia*, "Igreja" (Mt 16,18; 18,17). Quanto aos Doze, João os conhece e supõe que seus leitores também; mas é discreto em relação a eles. Além disso, no final do livreto, no Epílogo, Pedro recebe a missão de pastor das ovelhas de Jesus (Jo 21,15-17). Apesar de seu silêncio a propósito da noção de Igreja, João bem sabe que nunca se é discípulo de Jesus sozinho. Sua insistência no mandamento do amor fraterno o comprova: seus discípulos serão reconhecidos assim (Jo 13,34; 15,12.17). Logo, a comunidade dos crentes tem importância a seus olhos.

João evoca esta comunidade com a ajuda de duas imagens: o pastor e seu rebanho (Jo 10) e a videira e seus ramos (Jo 15). Como toda imagem, apesar de sua beleza, elas têm seus limites. De fato, o pastor e seu rebanho não são da mesma natureza. Ora, ao mesmo tempo que apresenta Jesus como Filho Unigênito do Pai, o Quarto Evangelho também sublinha sua plena humanidade: ele mesmo designa Jesus frequentemente pelo termo *anthropos* ("homem"). A comparação entre a relação do pastor com suas ovelhas e a que liga Jesus a seus discípulos é válida em um só ponto, bem valorizado por João: o pastor se preocupa com o bem-estar de suas ovelhas, e está pronto a defendê-las, mesmo que para isso precise dar sua vida (Jo 10,11-16; cf. Ez 34,11-16). A outra imagem é ainda mais díspar: os discípulos são chamados de "ramos" por Jesus, que se apresenta como a "videira", enquanto o Pai é o "vinhateiro". A estreita ligação que une o Pai a seu Filho – a partilha da mesma condição divina (cf. Jo 10,30) – está ausente; quanto aos discípulos, são os ramos de uma videira, como se não existissem pessoalmente, cada qual com seu próprio corpo. Mas o que esta imagem quer sublinhar é bem expresso por Jesus: "separados de mim, nada podeis fazer" (Jo 15,5). Deve-se permanecer nele, deixar-se impregnar por sua seiva, a fim de "produzir frutos" (Jo 15,16). Este apelo à fecundidade para a glória do Pai (Jo 15,8) corresponde exatamente àquele endereçado originalmente a toda a humanidade: "Sede fecundos e prolíficos" (Gn 1,28).

João está antes de tudo interessado pela relação pessoal que cada indivíduo pode cultivar com Jesus. Isso explica sua predileção pela categoria mais ampla dos *discípulos*. Ele sublinha assim a igualdade entre todos, homens e mulheres, e assinala que o único guia deles é o Espírito: "ele vos conduzirá à verdade plena" (Jo 16,13). Mas nenhum grupo pode durar sem o mínimo de estrutura. Se esta não é pensada e organizada pela comunidade, a lei da selva predomina e o mais forte impõe a sua visão das coisas. A história da comunidade joanina, tal como podemos inteligir, lendo o evangelho e as três cartas, sugere que esta comunidade quase desapareceu no começo do século II por falta de estrutura. O acréscimo do capítulo 21 teria como fim legitimar a função pastoral de Pedro.

Esta função, já sugerida quando da pesca milagrosa (Jo 21,3.7.11), Jesus a confirma pelo tríplice interrogatório (Jo 21,15-17); depois, ele a coroa pelo anúncio de seu martírio (Jo 21,18-19). A pesca milagrosa é conhecida por Lucas (Lc 5,1-11), e o anúncio da missão pastoral de Pedro lembra uma tradição de Mateus (Mt 16,18). Parece que um membro da escola joanina tenha se inspirado em outros escritos cristãos vindos de Igrejas mais estruturadas. A comunidade joanina valida esta adaptação (Jo 21,24b) sem deixar de preservar seu tesouro: o livro iniciado pelo "discípulo que Jesus amava", e destinado a ficar "até que [Jesus] venha" (Jo 21,22-23). Durante o tempo da Igreja, Jesus deixou o mundo visível para subir ao Pai (Jo 20,17). Mas ele não deixa seus discípulos órfãos (Jo 14,15-18). Ele lhes deixa o gesto do lava-pés (Jo 13,15) e o mandamento do amor fraterno (Jo 13,34-35), envia-lhes o Espírito para que os conduza "à verdade plena" (Jo 16,13); enfim, pede a seu Pai que lhes faça crescer na unidade, assim como a todos os seus sucessores, a fim de que o mundo possa crer (Jo 17,20-23).

Discípulos que são irmãos e amigos

O NT costuma utilizar o termo "irmão" para designar uma fraternidade espiritual, e não carnal. Em João, por sua morte, ressurreição e retorno ao Pai, Jesus constitui sua nova família: ele iria morrer "para reunir na unidade os filhos de Deus que estão dispersos" (Jo 11,52); "Mulher, eis aí teu filho [...]. Eis a tua mãe" (Jo 19,26-27); "vai ter com meus irmãos e dize-lhes que eu subo para o meu Pai e o vosso Pai, para o meu Deus e o vosso Deus" (Jo 20,17). "É devido a esta palavra que se tem repetido entre os irmãos que esse discípulo não morreria" (Jo 21,23). Uma comunidade de irmãos (e irmãs) cimentada pelo amor fraterno, graças ao qual eles serão reconhecidos como discípulos de Jesus (Jo 13,34-35; 15,12-17).

Para exprimir o amor, João emprega dois verbos: *philein* e *agapan*. Suas nuances próprias não devem ser exageradas, pois João gosta de recorrer aos sinônimos, como ocorre na Bíblia. Assim, ele fala com os dois verbos sobre o amor de Deus pelos homens e por Jesus. Quanto ao verbo *agapan*, que alguns pensam ser reservado à caridade teologal (*ágape*), ele também serve para evocar o apego dos pecadores à obscuridade (Jo 3,19). Enfim, no diálogo entre Jesus ressuscitado e Simão, à beira do lago (Jo 21,15-17), temos quatro pares de sinônimos: *agapan* e *philein*, "amar"; *oida* e *ginoskein*, "conhecer", *boskein* e *poimainein*, "fazer pastar"; enfim, *arnia* e *probata*, "ovelha". Puro efeito de estilo.

João também fala de "amigo" (*philos*). Esta palavra designa o que nos pertence propriamente e que nos é caro. Fala da relação de amizade entre dois seres humanos, ou do apego a um objeto ou a uma ideia abstrata. Em João, o verbo *philein* se lê treze vezes, e a palavra *philos*, seis: ao lado de "o amigo do esposo" (Jo 3,29) – um próximo do recém-casado, encarregado de organizar a festa; e o Batista descreve desse modo seu papel em relação a Jesus – e de o "amigo de César" (Jo 19,12) – um próximo ou um funcionário do imperador romano –, o termo descreve a relação entre Jesus e uma ou duas pessoas: "nosso amigo Lázaro" (Jo 11,11); "se despojar da vida por seus amigos" (Jo 15,13); "Vós sois meus amigos se fizerdes o que vos digo" (Jo 15,14); "chamo-vos amigos" (Jo 15,15). A comunidade de Jesus é totalmente o inverso de uma seita. Ser seu discípulo é viver como seu amigo, acolher sua palavra, permanecer nela, e assim atingir a verdade que nos torna livres (Jo 8,32).

Uma nuvem de testemunhas

Se lermos o evangelho desde os primeiros versículos do Prólogo até os últimos do Epílogo, descobriremos um estonteante percurso didático sobre a condição da testemunha de Jesus. Cada um por vez, três personagens intervêm em três partes sucessivas, e se apresentam como testemunhas e amigos de Jesus: João Batista (Jo 1–10), Lázaro (Jo 11–12) e o discípulo amado (Jo 13–21).

O final do capítulo 10 marca uma pausa na vida pública de Jesus: ele se retira "para além do Jordão, no lugar onde João começara a batizar" (Jo 10,40). Isso recorda o início da narrativa: "Isso se passava em Bethabara [Betânia], além do Jordão, onde João batizava" (Jo 1,28). Trata-se de uma inclusão que orienta o olhar para aquilo que se encontra "envolvido" entre estes dois termos. Dizendo de outro modo, os capítulos 1 a 10 formam um todo marcado por uma figura: é o "ciclo de João Batista". Desde a sua primeira menção, ele é apresentado como uma testemunha de Jesus: ele veio "testemunhar, para dar testemunho" (Jo 1,6-8). Sua segunda aparição volta a este ponto: "João dá testemunho dele e proclama" (Jo 1,15). A narrativa começa sublinhando novamente este papel: "E eis o testemunho de João" (Jo 1,19). João testemunha tão bem que, por causa de sua palavra, dois de seus discípulos seguirão Jesus (Jo 1,35-40). Por sua vez, eles testemunharão Jesus, iniciando uma longa fila de testemunhas, de João a André, Simão, Filipe, Natanael (Jo 1,41-51), até os nossos dias. Pois todo discípulo de Jesus o é por haver recebido, ouvido, visto ou lido o testemunho de um discípulo que o precedera.

Reencontramos o Batista em "Enon, perto de Salim" (Jo 3,23). Ele batiza, assim como Jesus (Jo 3,22). Ora, certos discípulos de João estão chocados com o sucesso de Jesus, em detrimento de seu senhor. Mas ele, com humildade, afirma que isso corresponde ao plano de Deus: o Esposo da comunidade de Israel é Jesus, e João exerce com alegria seu papel de "amigo do esposo" (Jo 3,26-30). Mais tarde, Jesus o elogiará: ele o compara a uma lâmpada modesta que brilha por pouco tempo, mas dando testemunho da verdade (Jo 5,33-35). Quando da última menção feita a João, o termo "testemunha" não aparece, mas sua realidade está bem presente: João não fez sinal algum – ele não é, então, tomado como o Messias (cf. Jo 1,20.25; 3,28) –, mas a propósito de Jesus ele "disse" coisas "verdadeiras", e graças a ele "numerosos foram os que nele creram" (Jo 10,41-42). Um testemunho da verdade feito com toda humildade, e cheio de grande fecundidade. Testemunho oral, feito pela "voz daquele que clama no deserto" (Jo 1,23) e pelo "amigo do esposo" (Jo 3,29); este é o "ciclo de João Batista".

Na outra ponta do livro, é o "discípulo que Jesus amava" quem dá testemunho (Jo 21,24). Lembremos seu lugar de honra durante a última ceia (Jo 21,20), o que convida o leitor a voltar até este momento da narrativa (Jo 13,23-25). Ora, aí está a primeira menção ao discípulo amado que encontramos neste livro! Imaginá-lo como o anônimo do primeiro capítulo (Jo 1,35.40) é ultrapassar a letra do texto. Após a última ceia, este discípulo esteve aos pés da cruz (Jo 19,26) e testemunha pouco depois (Jo 19,35). Nós o reencontramos a correr em direção ao túmulo vazio, deixando Simão Pedro entrar nele antes: "ele viu e creu" (Jo 20,2-4.8). Diferentemente do Batista, o discípulo que Jesus amava é uma testemunha caracterizada não pela proclamação oral – mesmo que ele saiba falar e confessar o Senhor (Jo 21,7) –, mas pela iniciativa de escrever um livro para contar os sinais realizados por Jesus (Jo 20,30-31; 21,24). É também um verdadeiro amigo de seu senhor, a ponto de ser conhecido como "aquele que Jesus amava".

Os ciclos do Batista e do discípulo amado circundam o centro do livro, marcado pela figura enigmática e silenciosa de Lázaro (Jo 11–12), que Jesus ama (Jo 11,3.5.11.36). Jamais é qualificado como testemunha; entretanto, sem barulho dá testemunho do poder de vida que advém de Jesus: "um grande número de judeus os deixavam e acreditavam em Jesus" (Jo 12,11). Tornou-se, então, uma testemunha incômoda, da qual as autoridades queriam se livrar, como farão com Jesus (Jo 12,10). Por duas vezes, o Quarto Evangelista é o único a evocar odores em relação a Lázaro. Quando Jesus pede que se abra sua tumba, sua irmã Marta fica horrorizada, pois o cadáver, deposto já há quatro dias, tem o cheiro da morte (Jo 11,39). Depois que Lázaro volta à vida, organiza-se um jantar em honra de Jesus. Lázaro está entre os convivas. Maria, irmã de Lázaro, unge os pés de Jesus com um perfume delicioso, o que faz o evangelista dizer: "e a casa ficou cheia do perfume" (Jo 12,3). Este detalhe estabelece um contraste entre a morte de Lázaro e aquela de Jesus. De fato, estando o perfume já espalhado, Jesus diz: "Era em vista de meu sepultamento que guardou este perfume" (Jo 12,7). Ele explica assim a dimensão profética do gesto de Maria: antes de tudo acontecer, anuncia que a morte de Jesus não o levaria à corrupção, mas à vida eterna. Se o odor de ressurreição encheu toda a casa, os participantes do jantar foram impregnados dele, e, entre eles, Lázaro. Compreendemos, então, por que desejavam livrar-se dele: por sua simples existência, ele é uma testemunha viva do poder de vida que habita Jesus.

Cada uma destas três testemunhas habita uma parte precisa do evangelho. João testemunha emprestando sua voz à Boa Nova da salvação (cf. Jo 1,23). O "discípulo que Jesus amava" dá testemunho suscitando a confecção de um livro (Jo 20,30-31; 21,24). E se Lázaro permanece mudo, recorda a importância do testemunho por meio da *vida*: uma vida humana habitada e transformada por aquela de Deus. As três figuras exprimem os três aspectos do testemunho cristão. O ser humano é a única criatura que pode falar, ler e escrever. Uma simples palavra, pronunciada de viva voz ou transmitida por escrito, pode mudar o curso de uma vida, para o bem ou para o mal. Mas a figura de Lázaro lembra que o mais belo testemunho de Jesus é uma vida transformada pela ressurreição. Como no caso de Lázaro, tal testemunho não faz barulho, mas pode chegar até sua forma última: o martírio.

6
O agir de Jesus e de seus discípulos
Tema 3

Cada evangelho relata alguns gestos de Jesus, de modo especial os atos de cura. João tem um modo especial de sublinhar o que se refere tão somente ao agir de Jesus, como Enviado do Pai, e o que ele quer partilhar com seus discípulos.

Sob o signo pascal

João não fala de milagres, mas de sinais (16 vezes, e uma vez a expressão "sinais e prodígios", que vem do AT: Jo 4,48). Cinco dos atos de Jesus são chamados de "sinal": a água transformada em vinho (Jo 2,11), a cura de um jovem (Jo 4,54), o pão superabundante (Jo 6,14), a cura do cego de nascença (Jo 9,16) e o retorno à vida de Lázaro (Jo 12,18). Posto no princípio da vida pública de Jesus, datado como um "terceiro dia" (Jo 2,1), que não deve ser juntado aos dias precedentes (Jo 1,19.29.35.43), como se João pensasse numa semana inaugural, o sinal de Caná é o arquétipo dos outros: "Tal foi o início (em grego, *arkhé*) dos sinais de Jesus" (Jo 2,11). O "terceiro dia" recorda aquele no qual Deus concluiu a Aliança com seu povo (cf. Ex 19,11.16), ao mesmo tempo que anuncia a ressurreição de Jesus: "Foi sepultado, ressuscitou ao terceiro dia, segundo as Escrituras" (1Cor 15,4).

João não diz que as águas "destinadas às purificações dos judeus" (Jo 2,6) é transformada em vinho, mas que ela se tornou vinho superabundante. A passagem de um estado a outro se faz com toda tranquilidade e discrição, sem ruptura, como o crescimento de uma planta ou de um ser humano. Trata-se do processo da Revelação, iniciado com Moisés no Sinai, que se seguiu e concluiu com Jesus em seu último estágio: "Se a lei foi dada [por Deus] por Moisés, a graça e a verdade vieram por Jesus Cristo" (Jo 1,17). Anunciada desde o "início dos sinais" – no terceiro dia (Jo 2,1) e na Hora da Glória (Jo 2,4.11) –, a páscoa de Jesus dá o tom do que se segue no livro. É mediante o prisma pascal que toda a vida e a pregação de Jesus devem ser lidas, mesmo se João não nos dá uma lista exaustiva desses fatos importantes: "Jesus realizou ante os olhos de seus discípulos muitos sinais que não estão consignados neste livro" (Jo 20,30). Os sinais contados no evangelho bastam para alimentar a fé e para dar vida.

Sinais a serem lidos com atenção

Um segundo sinal é posto em relação com Caná (Jo 4,54), depois outros ainda, pois "este homem realiza muitos sinais" (Jo 11,47; 12,18). Para exprimir a irrupção do extraordinário no coração do ordinário, João escolheu a palavra sinal. Ora, um sinal é feito para significar, para sinalizar. Quando mostramos a lua com o dedo, o bobo olha o dedo! O leitor é, pois, convidado a não errar o alvo. O que ele deve guardar do evangelho não é o caráter extraordinário do prodígio feito, mas sim o que ele quer dizer. Ora, em João, o que um sinal quer pôr em relevo é primeiramente a identidade de Jesus: "Como é que um homem pecador teria o poder de realizar tais sinais?" (Jo 9,16); "ninguém pode realizar os sinais que tu fazes, se Deus não estiver com ele" (Jo 3,2). A identidade messiânica de Jesus aparece aqui: "Quando o Cristo vier, será que ele vai realizar mais sinais do que este operou?" (Jo 7,31); de fato, a antiga tradição judaica associa os sinais ao Messias. O Batista "não realizou nenhum sinal" (Jo 10,41), pois ele não era o Messias (Jo 1,20; 3,28).

Algumas pessoas fundamentam sua fé em Jesus por causa dos sinais: "muitos creram em seu nome à vista dos sinais que ele realizava" (Jo 2,23; Jo 6,2.14). Outros querem que Jesus prove quem ele é por meio de sinais: "Que sinal nos mostras, para agir dessa maneira?" (Jo 2,18); "Mas tu mesmo, que sinal realizas para que nós vejamos e possamos crer em ti?" (Jo 6,30). Mas Jesus desconfia de uma fé fundada na visão de sinais (Jo 2,24-25): "Em verdade, em verdade, eu vos digo, não é porque vistes sinais que me procurais, mas porque comestes pães à saciedade" (Jo 6,26). Tal tipo de fé não pode se sustentar: "Embora tivesse realizado diante deles tantos sinais, eles não acreditavam nele" (Jo 12,37). Por que, então, João fala de sinais feitos por Jesus? Para encorajar aqueles que já creem em sua palavra. Assim, em Caná nem todos os que foram beneficiados pelo sinal creram, mas somente "seus discípulos" (Jo 2,11): os cinco homens que anteriormente colocaram-se à sua escola (Jo 1,35-51).

Uma morte que é um sinal

Jesus também emprega o verbo "significar" em uma fórmula estereotipada: "Por estas palavras ele significava de que morte morreria" (Jo 12,33; 18,32); "Jesus falou assim para significar com que tipo de morte Pedro devia glorificar a Deus" (Jo 21,19). Os dois primeiros empregos dizem respeito a Jesus, cuja morte é o sinal por excelência. O pronome interrogativo traduzido como "com que tipo" ("de que tipo") lembra que, apesar de algumas tentativas (Jo 8,59; 10,31-33), Jesus não foi lapidado, como prevê a Torá (cf. Lv 24,16), mas crucificado. Com este suplício, praticado em todo o Império Romano, João elabora uma teologia da salvação universal pela cruz: por sua elevação na cruz, Jesus atrai a si todos os homens (Jo 12,31-32), a fim de "reunir na unidade os filhos de Deus que estão dispersos" (Jo 11,52). João deve ter pensado na Serpente de bronze feita por Moisés (Jo 3,14; Nm 21,8-9; Sb 16,6-7), mas também no sinal apresentado às nações pelo rebento de Davi: "Sucederá, naquele dia, que a raiz de Jessé será erigida como estandarte dos povos, as nações a procurarão [...]. Ele levantará um estandarte para as nações" (Is 11,10.12).

Visando Pedro, o último emprego de "significar" desenha uma teologia da condição de discípulo: o servo não é maior que seu senhor (Jo 13,16; 15,20), mas ao segui-lo ele pode tornar-se sinal, se dá testemunho até o final. Assim Deus será glorificado (Jo 21,19). À imagem da morte de Jesus, a dos discípulos conduz à glorificação do Pai (Jo 12,28; 13,31; 17,1). A tradição judaica chama o martírio de "santificação do Nome (divino)".

As obras em João

O discípulo não faz sinais, somente sua morte pode ser um sinal, pois assim mostra ter seguido seu Senhor até o fim (Jo 13,1; 21,19). Por outro lado, João atribui algumas obras a Jesus como também aos discípulos. Para Jesus, ele emprega tanto o singular quanto o plural: Jesus deve cumprir esta obra ou estas obras que o Pai lhe confiou (Jo 5,20.36; 9,3.4; 17,4). Assim, ele participa do agir do Pai: "O meu Pai até agora está trabalhando, e eu também estou trabalhando" (Jo 5,17; cf. também Jo 4,34; 6,30; 10,37; 14,10). A missão recebida do Pai consiste em reunir seus filhos dispersos (Jo 11,52), dar-lhes a vida (Jo 10,10) e salvá-los (Jo 3,17). Alguns atos de Jesus, como a cura de Betzatá (Jo 5,1-9), são chamadas "obras" (Jo 7,3; 10,25.32.38; 14,11-12; 15,24). Por suas boas obras (Jo 10,32.33), Jesus comunica a vida.

Mas o discípulo também pode fazer obras. Diferentes das obras más do mundo das trevas (Jo 3,19; 7,7; 8,41), as dos justos que "praticam a verdade", como Abraão (Jo 8,39), são marcadas pela luz divina (Jo 3,21). São a concretização de um dinamismo que envolve toda a existência do discípulo. Pois a única obra que conta, enfim, é crer no Filho do Homem, Enviado pelo Pai (Jo 6,27-29), e participar de seu agir vivificador: "Enquanto é dia, é mister trabalharmos nas obras daquele que me enviou" (Jo 9,4); "aquele que crê em mim fará também as obras que eu faço; ele fará até obras maiores, porque eu vou para o Pai" (Jo 14,12). Realizadas em nome do Filho graças ao dom do Espírito, estas obras maiores servem à glória do Pai (Jo 14,13; 15,26-27): "O que glorifica meu Pai é que produzais fruto em abundância e vos torneis meus discípulos" (Jo 15,8).

Gestos e sacramentos

Os Padres da Igreja viram na água e no sangue que saíram do lado de Jesus crucificado o anúncio dos dois sacramentos que constituem a Igreja: o batismo e a eucaristia (Jo 19,34). E a tradição católica baseia o sacramento da ordem e o perdão dos pecados a certas palavras do Jesus joanino (Jo 17,17-18; 20,22-23). Na verdade, João só evoca o batismo cristão indiretamente (Jo 4,2) e não relata a instituição da eucaristia; mas aborda o tema do novo nascimento (Jo 3,3-8) e dá um toque eucarístico ao "pão da vida" (Jo 6,51-58), como a cada cena de refeição (Jo 2,1-11; 6,5-15; 12,1-8; 21,9-14).

Por outro lado, lá onde se esperava a instituição da eucaristia, em seu lugar João relata outro gesto de Jesus: "o Mestre e Senhor" lava os pés de seus discípulos como um escravo (Jo 13,1-20). Pedro fica chocado; mas recusar este gesto significa separar-se de Jesus para sempre (Jo 13,8). O lava-pés é imprescindível: "vós deveis, também vós, lavar os pés uns dos outros; pois é um exemplo que eu vos dei: o que eu fiz por vós, fazei-o vós também [...]. Sabendo isso, sereis felizes, se ao menos o puserdes em prática" (Jo 13,14b-15.17). As Igrejas repetirão este gesto na Quinta-feira Santa, e algumas comunidades o fazem com mais frequência, para recordar a missão de serviço.

Em seguida, Jesus conta outro gesto: o dom de um bocado a Judas (Jo 13,26). No Oriente Próximo, trata-se de um gesto de honra para com um hóspede. Jesus amou os seus até o fim (Jo 13,1) e não esqueceu daquele que o trairia. Os dois gestos que faz durante a última ceia – o lava-pés e o dom do bocado – põem em cena os dois discípulos mais frágeis: Pedro, que vai renegar seu senhor, e Judas, que o entregará. Em seu desejo de seguir Jesus, cada discípulo continua frágil. Sua única força virá de seu Senhor, se ao menos aceitarem agir como Jesus agiu para com eles (cf. Jo 13,15).

Os sacramentos não estão no plano da magia, mas sim – em seu sentido etimológico – no simbólico: eles ancoram o crente no "sur-real" de Deus. Com a figura de Nicodemos, o Quarto Evangelho sugere que um caminho de discipulado raramente é como uma linha reta, sem desvios ou impasses. O Deus que ele descreve não suprime a liberdade do ser humano, mas, ao contrário, age com ela, para traçar em cada caso uma trajetória única.

7
João e o mundo judaico
Tema 4

"Aquele de quem está escrito na lei de Moisés e nos profetas, nós o encontramos: é Jesus, o filho de José, de Nazaré" (Jo 1,45); "Vós perscrutais as Escrituras porque pensais adquirir por elas a vida eterna, e são exatamente elas que dão testemunho a meu respeito" (Jo 5,39); "Com efeito, se crêsseis em Moisés, creríeis em mim, pois é a meu respeito que ele escreveu" (Jo 5,46). João é um judeu que reconheceu em Jesus o Messias esperado. Eis por que cumulou seu texto com reminiscências bíblicas, encontrando oportunidades para fazer citações explícitas, para enraizar Jesus nas Escrituras e nas tradições judaicas.

João e o Antigo Testamento

O início do evangelho evoca aquele do livro do Gênesis, ou seja, o começo da Bíblia: "No início..." (Jo 1,1, cf. Gn 1,1). O Prólogo desenvolve os dois tempos da Revelação: Criação-Gênesis (Jo 1,1-5, cf. Gn 1,1-2.4) e Redenção-Êxodo (Jo 1,17, cf. Ex 24,12). Assim como o Gênesis, João evoca o papel da Palavra de Deus na criação (Jo 1,3). O final do Prólogo evoca o dom da *Torá* durante o Êxodo (Jo 1,17, cf. Ex 19–24), depois o Nome divino revelado a Moisés: "Aquele que é" (Jo 1,18, cf. Ex 3,14). Um novo Êxodo guiado por Jesus, o novo Josué – trata-se do mesmo nome –, conduz os filhos de Deus ao seio do Pai (Jo 1,18).

O Livro dos Sinais é aberto e concluído com citações de Isaías (Jo 1,23; 12,37-41). O Batista se apresenta como "a voz daquele que clama no deserto: 'Aplainai o caminho do Senhor', como disse o profeta Isaías" (Jo 1,23; Is 40,3). Ao final da vida pública de Jesus, João cita ainda Isaías. O resultado pouco animador da pregação de Jesus inspira-lhe este versículo do Canto do Servo (Is 52,13–53,12): "Senhor, quem acreditou no que eles ouviram de nós? E a quem foi revelado o braço do Senhor?" (Jo 12,38; Is 53,1). Logo depois, acrescenta: "Ele lhes cegou os olhos e endureceu o coração para que não vejam com seus olhos, o seu coração não compreenda, eles não se convertam, e eu os teria (contudo) curado!" (Jo 12,40; Is 6,10). Apesar do fracasso da pregação de Jesus, a promessa da cura permanece.

Na sequência, Jesus assinala que Isaías viu a glória de Jesus e dele falou (Jo 12,41). Isso remete às palavras sobre sua vocação: "Vi o Senhor sentado sobre um trono alto e excelso, e a Casa (estava) cheia de sua glória" (Is 6,1, em grego). A fim de preservar a invisibilidade de Deus (Jo 1,18; 5,37; 6,46; cf. 1Jo 4,12.20), a tradição judaica multiplicava os filtros entre Deus e os homens: via-se a Glória do Senhor, ou sua Palavra, ou sua Morada. João procede deste modo no Prólogo: "E o Verbo se fez carne e habitou entre nós e nós vimos a sua glória..." (Jo 1,14). Para João, os crentes fazem a mesma experiência que Isaías: as teofanias do Antigo Testamento não apresentavam o Pai invisível, mas seu Filho. Numerosos Padres da Igreja vão neste mesmo sentido.

A seção da Festa das Tendas (Jo 7,1–10,21) é rica em alusões a Isaías. Apresentando-se como "Luz do Mundo" (Jo 8,12; 9,5), Jesus recorda o Servo destinado a ser "Luz das Nações" (Is 42,6; 49,6), para abrir "os olhos aos cegos" (Is 42,7; cf. Jo 10,21). Apenas João e Isaías evocam Siloé (Jo 9,7.11; Is 8,6). Como vimos, Isaías é também a fonte do "Eu sou" absoluto de Jesus (Jo 8,24.28.58; Is 43,10). O episódio do cego de nascença (Jo 9) desenvolve o tema da cegueira espiritual, em relação ao qual Isaías é bastante sensível. A citação de Isaías 6,9-10 (cf. Jo 12,40) parece já subjacente a esta narrativa (cf. Jo 9,39-41).

A mesma narrativa faz alusão a outro profeta (Jo 9,24). Os "judeus-fariseus" conjuram o ex-cego a dizer a verdade, com a ajuda de uma fórmula bíblica: "Dá glória a Deus". Ora, Jeremias emprega estas palavras em uma passagem sugestiva:

> Escutai, prestai ouvido, sem soberba: é o Senhor quem fala. *Dai glória ao Senhor, vosso Deus*, antes que ele envie as trevas [...]. Vós esperais a luz, mas ele a transformará em escuridão, em nuvem escura. Se não escutardes, vou retirar-me para chorar diante de tanta altivez [...]: o rebanho do Senhor é conduzido ao cativeiro! (Jr 13,15-17).

Além da chamada a dar glória a Deus, João evoca também o orgulho dos dirigentes que pretendem "ver" (Jo 9,41), mas cuja visão tornou-se cega (Jo 9,39); e a alusão do profeta ao rebanho do Senhor encontra eco na sequência da narrativa joanina com o tema do Bom Pastor (Jo 10,1-16). Jeremias é o profeta cujo destino mais se parece ao de Jesus: sua crítica ao mau uso do Templo quase o levará à morte (Jr 7 e 26), e anuncia o conflito entre Jesus e "os judeus" quando da Festa das Tendas ("procuravam dar-lhe a morte": Jo 5,18; 7,1.19.20.25; 8,37.40).

Antes de liderar homens, Abraão, Moisés e Davi foram pastores. O "bom pastor que se despoja da própria vida por suas ovelhas" (Jo 10,11.14-15) se inscreve no caminho deles, mas também vai além. Em Ezequiel, Deus denuncia os pastores que se aproveitam do povo ao invés de velar sobre ele; depois, anuncia que lhe suscitará um pastor digno de fé. Nos traços deste novo Davi idealizado (Ez 34,23), João reconheceu Jesus.

Mesmo que seu nome não seja citado, Zacarias também ocupa um lugar importante. A entrada de Jesus em Jerusalém (Jo 12,14) é o cumprimento deste oráculo: "Não temas, filha de Sião: eis o teu rei que vem, montado num jumentinho" (Jo 12,15; Zc 9,9-10); e o golpe de lança, este outro oráculo: "Eles olharão para aquele que transpassaram" (Jo 19,37; Zc 12,10). E ainda, noutra passagem: o Templo tomado como "casa de negócios" (Jo 2,16) recorda o anúncio de que "não haverá mais nenhum mercador na Casa do Senhor de todo poder, naquele dia" (Zc 14,21). A citação "Do seu seio jorrarão rios de água viva" (Jo 7,38) combina várias passagens bíblicas (Ex 17,1-7 // Sl 78,15-16.20 etc.; Ez 47,1-12; Jl 4,18), mas se refere sobretudo a Zacarias 14,8: "Acontecerá, naquele dia, que águas vivas sairão de Jerusalém" (no mesmo contexto da Festa das Tendas, Zc 14,16-19 // Jo 7,37). Há várias outras alusões mais discretas.

Os Salmos também são importantes para João, e têm valor de *Torá*: "Eu vos declaro, vós sois deuses, sois todos filhos do Altíssimo" (Sl 82(81),6; Jo 10,34); "Para que assim se realize a palavra que está escrita na Lei deles: 'Eles me odiaram sem razão'" (Sl 35(34),19; 69(68),5; Jo 15,25). João cita frequentemente os Salmos:

– Expulsão dos vendedores do Templo (Jo 2,17; cf. Sl 69(68),10);

- Fala sobre o maná e o pão da vida (Jo 6,31; cf. Sl 78(77),24);
- Entrada de Jesus em Jerusalém (Jo 12,13; cf. Sl 118(117), 25-26);
- Traição de Judas (Jo 13,18; cf. Sl 41(40),10);
- Partilha das vestes (Jo 19,23-24; cf. Sl 22(21),19);
- Sede de Jesus, "para que a Escritura se cumprisse até o fim" (Jo 19,28-29; cf. Sl 69(68),22).

O golpe de lança cumpre outra passagem da Escritura: "Nenhum de seus ossos será quebrado" (Jo 19,36), possível alusão ao cordeiro pascal (Ex 12,46), mas também ao justo perseguido do Salmo (Sl 34(33),21). Podemos ainda encontrar outras alusões:

- Natanael, "verdadeiro israelita, no qual não há fingimento" (Jo 1,47; cf. Sl 32(31),2; 73(72),1);
- Caminhada sobre as águas (Jo 6,16-21; cf. Sl 107(106), 23.25.30);
- Luz (Jo 8,12; 9,5; cf. Sl 27(26),1);
- Pastor (Jo 10,11.14; cf. Sl 23(22),1) etc.

João e o judaísmo antigo

Depois da descoberta dos *Manuscritos do Mar Morto* em meados do século XX, passamos a conhecer melhor o judaísmo da época de Jesus. Alguns temas e traços estilísticos de João são vistos nos escritos encontrados em Qumran, como as formas dualistas, opondo as realidades positivas a seus correspondentes negativos: luz-trevas, verdade-mentira, vida-morte, amor-ódio. Quando João fala em "agir segundo a verdade" (cf. Jo 3,21), fala como um semita. Na *Regra* descoberta em Qumran, a comunidade essênia sublinha a importância do amor fraterno entre seus membros, e João nos dá o mandamento de Jesus: "Amai-vos uns aos outros" (Jo 13,34; 15,12.17). Mas as diferenças saltam aos olhos: para a comunidade joanina, o amor fraterno inspira-se no comportamento de Jesus, e não é compensada por um direito ao ódio aos outros. Pelo contrário, "Deus, com efeito, amou tanto o mundo que deu o seu Filho, o seu único" (Jo 3,16); e a tradição joanina esclarece que Jesus é vítima de expiação "não somente pelos nossos pecados, mas também pelos do mundo inteiro" (1Jo 2,2). Por outro lado, a *Regra da comunidade* essênia convida ao ódio para com as pessoas externas a esta comunidade, cujo acesso é reservado a uma elite, livre de qualquer defeito físico. Nada há disso em João.

João conhece bem a vida religiosa judaica. Jesus "sobe a Jerusalém" para as festas de peregrinação: a Páscoa (Jo 2,13), as Tendas ou Cabanas (Jo 7,2.10), uma festa anônima (Jo 5,1). Ele também conhece a festa invernal da Dedicação (Jo 10,22). Em Caná, graças a ele a água para a "purificação dos judeus" torna-se um bom vinho (Jo 2,6.9): uma forte imagem para dizer que a *Torá* passa a ter o gosto bom do evangelho. A conversa sobre o maná e o pão da vida (Jo 6,32-51) assemelha-se a uma homilia sinagogal (cf. Jo 6,59): partindo do Pentateuco, é introduzida pelo versículo de um Salmo (Jo 6,31; Sl 78(77),24) e confirmada pelos Profetas (Jo 6,45; Is 54,13; Jr 31,33-34). João consagra uma seção à muito popular Festa das Tendas (Jo 7,1–10,21), fazendo dela ocasião para os mais importantes ensinamentos de Jesus sobre sua missão de enviado do Pai, detentor do Nome divino "Eu sou" (Jo 8,24.28.58). Certos ritos da festa – libação sobre o altar com água tirada de Siloé (cf. Jo 9,7.11), iluminação do Templo para as celebrações noturnas – incitam-no a apresentar Jesus como "fonte de água viva" e "luz do mundo" (Jo 7,38; 8,12; 9,5).

A história bíblica relida por João conclui-se com Jesus, que realiza as grandes figuras. Ele é "maior do que nosso pai Abraão" (Jo 8,53), "do que nosso pai Jacó" (Jo 4,12) e do que José, pai nutrício do Egito (Jo 2,5, cf. Gn 41,55). Ele é o Novo Moisés (Dt 18,15.18), enviado por Deus para dizer palavras de vida aos homens. As breves menções a Davi (Jo 7,42) e a Salomão (Jo 10,23) esclarecem seu messianismo. Algumas vezes, a presença de Isaac (nunca mencionado) é perceptível: "Eis o cordeiro de Deus que tira o pecado do mundo" (Jo 1,29, cf. Gn 22,8, segundo uma tradição judaica: "O cordeiro, Deus o proverá, e este será tu, meu filho"); "Deus, com efeito, amou tanto o mundo que deu o seu Filho, o seu único" (Jo 3,16, cf. Gn 22,2: "Toma o teu filho, o teu único, Isaac, que amas"); "Abraão, vosso pai, exultou na esperança de ver o meu Dia" (Jo 8,56, cf. Gn 17,17 e a tradição judaica, notadamente *Jubileus* 15,17, a respeito do nascimento de Isaac). João também recorreu a outras tradições. Por exemplo, na fonte de Jacó, Jesus promete à samaritana uma água que jorra para a vida eterna (Jo 4,12-14): segundo um *targum* (tradução bíblica em aramaico, misturando texto e comentários), a água que jorrava em abundância quando Jacó se aproximava da fonte. Para João, assim como para Mateus, Jesus não veio para suprimir, mas para cumprir a *Torá* (cf. Mt 5,17). Assim, Jesus fala do Templo com respeito, e o chama de "casa de meu Pai" (Jo 2,16); afirma também que "a salvação vem dos judeus" (Jo 4,22).

João e os judeus

Ao falar com a samaritana, Jesus faz essa declaração. A discussão dizia respeito ao lugar onde se deveria adorar (Jo 4,20): a "Jerusalém" dos judeus ou "esta montanha" – o Gerizim, montanha sagrada dos samaritanos. A resposta de Jesus lembra um oráculo profético: "Sim, é de Sião que vem a instrução, e de Jerusalém, a palavra do Senhor" (Is 2,3 // Mq 4,2). Ora, os samaritanos não leem os livros proféticos; assim, ignoram que a palavra do Senhor (a salvação) vem de Jerusalém. Como boa samaritana, a mulher fala de "nosso pai Jacó" (Jo 4,12), mas ignora que o Templo de Jerusalém é "a casa do Deus de Jacó" (Is 2,3). Jesus lhe ensina, portanto, que "a salvação vem dos judeus" (Jo 4,22). O Quarto Evangelho coloca em lugar de destaque a herança judaica das Escrituras e da liturgia. Infelizmente, também lemos nele: "O vosso [isto é, dos judeus] pai é o diabo" (Jo 8,44). Estes dois versículos tão contraditórios resumem o problema que se nos apresenta da relação do Quarto Evangelho com o judaísmo.

Muitos autores, cristãos ou judeus, consideram somente o segundo versículo com seu caráter polêmico ou mesmo ofensivo. Com frequência ele foi interpretado como uma definição ontológica da relação dos judeus com o diabo, mas não é nada disso. Desse modo, os nazistas colocaram à entrada das aldeias cartazes nos quais estavam escritas estas palavras com referência ao evangelho: *Die Juden sind die Söhne des Teufels* (Joh. 8.44), "Os judeus são filhos do diabo (Jo 8,44)". Para o proveito de sua ideologia racista, deturparam um versículo das Escrituras, veneradas pelos camponeses alemães. Mas João considera o judaísmo algo caduco? Afirma que Jesus substituiu suas instituições? Foi ele quem inventou o antissemitismo cristão? É o que muitas vezes se diz.

Para confirmar isso, prende-se ao fato de o texto joanino trazer um sintagma que aparece 66 vezes: "os judeus" (*hoi Ioudaioi*). Vê-se aí uma obsessão subjetiva. Ora, se uma boa metade do emprego desse termo se reveste de um tom polêmico, não é o caso da outra metade! Alguns usos designam um grupo étnico ou religioso, sem má intenção, e podem ser traduzidos por "judeus" (Jo 3,1; 18,20; 19,20.21a); outros evocam uma prática religiosa judaica (Jo 2,6; 19,40), ou ainda uma festa (Jo 2,13; 5,1; 6,4; 7,2; 11,55; 19,14.42). Além disso, João nunca chama hoi Ioudaioi aos judeus comuns (a não ser em Jo 6,41.52); e, ao contrário dos sinóticos, em seu texto a multidão não intervém na Paixão. Assim, a fórmula joanina "os judeus" não pode servir de modo algum para demonizar os judeus de todos os tempos, nem mesmo aqueles da Palestina do século I, porque Jesus e seus próximos, discípulos e evangelista inclusive, eram judeus.

Os sumo-sacerdotes do tempo de Jesus

O Quarto Evangelho contém outra expressão que às vezes é tida como antissemita: "por medo dos 'judeus'". Ela visa à multidão de Jerusalém (Jo 7,13), José de Arimateia (Jo 19,38) e os discípulos na tarde da Páscoa (Jo 20,19); lê-se uma fórmula vizinha em outro lugar (Jo 9,22). Ora, João não inventou esta expressão, mas tirou-a do livro de Ester. O livro de Ester não é uma narrativa histórica, mas um conto satírico que relata como os judeus da Pérsia escaparam por milagre do extermínio. Uma vez livres de seu inimigo (Est 7,9-10), obtiveram do Rei "permissão para se unirem, manterem-se em guarda, exterminarem, matarem e aniquilarem qualquer bando armado de um povo ou de uma província que os quisessem atacar ou pilhar seus bens" (Est 8,11). Os pagãos também tentaram fugir do massacre: "Muitas pessoas da terra se tornavam judeus, pois o terror dos judeus caía sobre elas" (Est 8,17). João empresta a expressão do livro de Ester, mas transformando-a: em seu texto, todas as vítimas do medo dos "judeus" são judeus; os "judeus" não são todos os judeus, mas aqueles que detêm autoridade, que podem fazer uso da força policial ou de juiz.

De fato, várias passagens mostram que "os judeus" representam uma autoridade amedrontadora, mesmo para os outros judeus no tempo do ministério de Jesus. Pouco depois da cura do paralítico de Betzatá, o projeto de matar Jesus é assinalado pela primeira vez: "os 'judeus' procuravam ainda mais dar-lhe a morte" (Jo 5,18). Este refrão irá marcar o limite da seção da Festa das Tendas: "Jesus preferia não percorrer a Judeia, onde os judeus procuravam matá-lo" (Jo 7,1; cf. ainda Jo 7,19.20.25; 8,37.40). Ele é "hostilizado" ou "perseguido" (Jo 5,16); cercado como um animal perseguido ou um inimigo a ser abatido (Jo 10,24); querem lapidá-lo (Jo 10,31.33); enviam alguns guardas para pegá-lo (Jo 18,12); finalmente, ele será condenado de acordo com a Lei (Jo 19,7). Outras passagens confirmam este papel das autoridades religiosas (Jo 7,25-26): "Alguns de Jerusalém diziam: 'Não é a este que eles queriam matar? Ei-lo que fala abertamente e ninguém lhe diz nada! Nossas autoridades teriam reconhecido que ele é verdadeiramente o Messias?'". Dizem "eles", como fazemos para falar do governo, depois designam claramente os *archontes*, as autoridades. "Os judeus" (*hoi Ioudaioi*) são autoridades religiosas.

O final da narrativa da vida pública de Jesus mostra ainda que os "judeus" são os membros da classe sacerdotal, liderados por Caifás e Anás (Jo 11,49-50). Nós os encontramos na narrativa da Paixão (Jo 18,13-14.24.28; 19,15). As três referências feitas aos fariseus em relação com a Paixão (cf. Jo 11,47.57; 18,3) não são confiáveis, no plano histórico: não há razão alguma para atribuir aos fariseus contemporâneos de Jesus responsabilidade em sua condenação à morte. Quanto ao título "Rei dos judeus", conhecido pelas quatro narrativas da Paixão – ainda que em Mateus 2,2, por antecipação –, João o coloca sem problemas na boca de Pilatos, que então se serve dele para caçoar de Jesus e dos outros judeus, dizendo aos sumo-sacerdotes: "Eis o vosso rei" (Jo 19,14-15).

"Judeus" e fariseus

Em outras partes do evangelho – e os planos são algumas vezes sobrepostos, o que não facilita a leitura –, parece que Jesus e seus discípulos tomam distância do judaísmo. Jesus fala a alguns judeus de "vossa Lei", como se não fosse, ou não mais fosse, a sua (Jo 7,19; 10,34); e o narrador também diz "na Lei deles", como se sua comunidade tivesse se distanciado deles (Jo 15,25). Lemos três vezes um adjetivo desconhecido do grego antigo, *aposunagogos*, "separado da sinagoga" (Jo 9,22; 12,42; 16,2): em um dado momento, os membros da comunidade joanina sentiram que corriam o risco de serem rejeitados, excluídos da corrente judaica majoritária. Como vimos, esta ameaça de exclusão da sinagoga não é concebível senão após a destruição do Templo.

Várias passagens joaninas levam a identificar "os judeus" com os fariseus contemporâneos de João e de sua comunidade. Assim, na passagem do cego de nascença, as menções feitas aos fariseus (Jo 9,13-16.40) e aos "judeus" (Jo 9,18.22) se alternam, e a exclusão da sinagoga depende dos "judeus": "Estes [isto é, os judeus] já haviam decidido excluir da sinagoga todos aqueles que confessassem que Jesus é o Cristo" (Jo 9,22). No final da vida pública de Jesus, esta ameaça é atribuída aos fariseus (Jo 12,42). Parece que "os judeus" sejam aqui fariseus depois do ano 70, contemporâneos da comunidade joanina.

Ora, no ritual sinagogal em uso, ou modificado após a tomada de Jerusalém, há uma oração chamada *Décima segunda bênção*, que na verdade é uma maldição. Ela visa a todos que se desviaram da linha farisaica:

> Pelos apóstatas, que eles não tenham esperança, e que o reino da arrogância desapareça rápido do presente; e que os Minîm [= "desviados"] pereçam num instante; que sejam banidos do livro da Vida, e que não sejam nele inscritos com os justos; bendito sejas, Senhor, tu que submetes os arrogantes.

O "reino da arrogância" designa o ocupante romano; os Minîm são diversos, mas dentre eles podia haver judeu-cristãos joaninos. No final do século XX, também se creu que o *aposunagogos* de João e a *Maldição dos hereges* do judaísmo seriam o inverso e o reverso de uma mesma medalha. Em nossos dias, somos bem mais hesitantes ante este tipo de solução simplista. Apesar de tudo, João nos dá um eco, sem dúvida parcial e partidário, de uma crise real e dolorosa que afetou comunidades judaico-cristãs próximas da Palestina.

Existe salvação para "os judeus"?

João menciona explicitamente alguns "judeus" que creem em Jesus (Jo 8,30-31). Podemos nos alegrar com isso, mas esta alegria é rapidamente posta em xeque, pois é precisamente a eles que Jesus vai endereçar as palavras mais violentas contra os *Ioudaioi*. Ele os acusa de se mostrarem, por seus atos, filhos do diabo, homicida e mentiroso desde a origem (Jo 8,44). Além do mais, trata-se do versículo que suscitou as mais vivas reações contra João, suspeito de ter criado o antissemitismo cristão.

Está claro que as palavras de Jesus contra estes "judeus" que nele creram nos incomodam. Notemos que se trata apenas de uma violência verbal, como temos nos profetas bíblicos – "ó grandes de Sodoma [...], povo de Gomorra" (Is 1,10); "Cria de víboras!" (Mt 3,7) etc. – e nos textos dos essênios de Qumran – "Vosso Príncipe é Satã" (*Testamento de Dan* V,6). Ora, falando assim, o propósito dos profetas não era insultar, mas fazer um eletro-choque e levar à conversão. Trata-se de levar a sério a Palavra de Deus: é exatamente o que faz Jesus com esses "judeus" que creram nele. Além disso, em outras passagens do evangelho, Jesus mostra que ele desconfia de uma fé superficial, mesmo em relação a seus discípulos (Jo 2,24-25; 4,48; 6,26-27; 16,30-32).

Enfim, a seção da Festa das Tendas termina com uma intervenção de "judeus" favoráveis a Jesus. Primeiramente, João nota que eles estão divididos (Jo 10,19). Alguns pensam que Jesus não passa de um possuído e de um louco, que não deve ser seguido (Jo 10,20). Mas outros desmantelam a acusação feita contra ele de possuir um demônio ou de ser ele mesmo um (Jo 10,21). Estes desmentem: "teria um demônio poder de abrir os olhos de um cego?". Esta questão aguarda uma resposta negativa e subentende uma segunda questão: se um demônio não pode abrir os olhos aos cegos, quem, segundo as Escrituras, pode fazê-lo? A resposta sugerida é que Jesus poderia ser o Servo de Deus anunciado por Isaías, do qual uma das missões é justamente abrir os olhos aos cegos (cf. Is 42,7). Do mesmo modo, Nicodemos, fariseu e "chefe" dos "judeus", se unirá a José de Arimateia para oferecer a Jesus um sepultamento real (Jo 19,38-42). Portanto, não podemos dizer que em João "os judeus" constituem um bloco fixo em termos de recusa e de hostilidade, definitivamente condenado. Há, é claro, salvação para eles.

8
O Espírito que dá vida
Tema 5

Algumas páginas de João, dentre as quais o Prólogo (Jo 1,1-18) e a Oração de Jesus (Jo 17,1-26), não evocam o Espírito. Estes silêncios são um enigma, mas não se deve por isso concluir que João nada tenha a dizer a seu respeito. Ele não apenas conhece a sua existência, como também destaca o seu papel na vida dos crentes. Assim, Jesus declara que para aceder ao seu Reino é preciso nascer uma segunda vez, não do ventre materno (Jo 3,4), mas "do alto" (Jo 3,3.7), ou "do Espírito" (Jo 3,5.6.8). Lemos 24 vezes em João o termo *pneuma*, "espírito". É pouco em relação a Lucas (106) e a Paulo (146), mas não muito mais do que em relação a Mateus (19) e Marcos (23). Mas os sinóticos e os Atos dos Apóstolos frequentemente designam com o mesmo termo os espíritos impuros ou maus, enquanto João nunca o faz. Em seu texto, *pneuma* designa duas vezes a interioridade de Jesus (Jo 11,33; 13,21), e uma vez o caráter imaterial de Deus, inalcançável ao ser humano por si mesmo: "Deus é espírito" (Jo 4,24a). Ora, para João é justamente o Espírito que permite ao homem atingir o mundo de Deus. Esta fórmula é inclusive inserida entre duas frases que evocam o Espírito: "os verdadeiros adoradores adorarão o Pai em espírito e verdade" e "os que o adoram devem adorar em espírito e verdade" (Jo 4,23-24b). O Espírito está bem presente em João.

A pomba e o vento

Para evocar o Espírito, João emprega três imagens. A da pomba só aparece na alusão ao batismo de Jesus (cf. Mt 3,16 // Mc 1,10 // Lc 3,22):

> Eu vi o Espírito, como uma pomba, *descer* do céu e permanecer sobre ele [...]. Aquele que me mandou batizar na água foi quem me disse: "Aquele sobre o qual vires o Espírito *descer* e permanecer sobre ele, é ele que batiza no Espírito Santo" (Jo 1,32-33).

Em João, o Espírito *permanece sobre* Jesus; Jesus é o *portador* do Espírito, *ungido* pelo Pai (Is 61,1; cf. Lc 4,18). No princípio, o "sopro de Deus pairava na superfície das águas" (Gn 1,2), e durante o Êxodo, Deus "infundiu [em Israel] o seu Espírito Santo [...], o Espírito do Senhor os conduzia ao descanso" (Is 63,11.14). Como a águia que *sobrevoa* sua ninhada (Dt 32,11), o Espírito vela sobre a criação e sobre o Êxodo de Israel. A vinda de Jesus, sobre quem o Espírito permanece, renova a criação e salva a humanidade.

Como Lucas (cf. At 2,2), João conhece a imagem do vento (Jo 3,8). O termo hebraico *ruah* e o grego *pneuma* significam "Espírito", "vento" e "sopro". A imagem do vento-sopro divino que transmite a vida se encontra nas Escrituras: "Envias o teu sopro, são criados" (Sl 104(103),30); "Espírito, vem dos quatro ventos, sopra sobre estes mortos e eles viverão" (Ez 37,9). João insiste no caráter insondável e misterioso do Espírito de Deus, como o do vento: "O vento sopra onde quer, e tu ouves a sua voz, mas não sabes nem de onde vem, nem para onde vai. Assim acontece com todo aquele que nasceu do Espírito" (Jo 3,8).

A ideia de sopro de vida, inspirada em Gênesis 2,7, reaparecerá no final do evangelho (Jo 20,22).

A água e o Espírito

A imagem da água para falar do Espírito é conhecida pelos profetas (tal como em Qumran): "Farei sobre vós uma aspersão de *água pura* e ficareis *puros* [...]. Infundirei em vós o *meu Espírito*" (Ez 36,25.27); "E derramarei [...] um *espírito* de boa vontade e de súplica [...]. Brotará naquele dia uma *fonte aberta* [...] para *lavar do pecado e da mancha*" (Zc 12,10; 13,1). João retoma-a evocando o novo nascimento:

> A menos que nasça de novo, ninguém pode ver o Reino de Deus [...]. Ninguém, a não ser que *nasça da água e do Espírito*, pode entrar no Reino de Deus. O que nasceu da carne é carne, e o que *nasceu do Espírito* é espírito. Não te admires por eu ter dito: "Necessário vos é *nascer do alto*". O *vento sopra* onde quer [...]. Assim acontece com todo aquele que *nasceu do Espírito* (Jo 3,3-8).

Perante Nicodemos, Jesus assimila o Espírito à água e ao vento, que são dois elementos essenciais à vida. Entretanto, o tema central é o Espírito-vento (5 vezes), não a água (uma vez). Antes de designar o batismo, a expressão "nascer da água e do Espírito" também significa nascer *desta água que é o Espírito*. É pelo Espírito que se nasce para o mundo de Deus.

A imagem da água se encontra no diálogo entre Jesus e a samaritana. Nesta passagem, a expressão "dom de Deus" (Jo 4,10) designa, primeiramente, Jesus, o Filho *dado* pelo Pai para a salvação do mundo (Jo 3,16-17). Em um segundo tempo, podemos ver aqui uma alusão ao Espírito (cf. At 8,20). Quanto à água, que se torna no crente "uma fonte que jorrará para a vida eterna", ela é dada por Jesus (Jo 4,14). É o que ele dirá no último dia da Festa das Tendas: "Se alguém tem sede, venha a mim e beba. Aquele que crê em mim beberá, como disse a Escritura: 'Do seu seio [Jesus] jorrarão rios *de água viva*'" (Jo 7,37-38).

Pensamos aqui no oráculo de Zacarias: "Naquele dia, águas vivas sairão de Jerusalém" (Zc 14,8; cf. a Festa das Tendas, Zc 14,16-19). João comenta: "Ele designava assim o Espírito que deviam receber os que creriam nele: com efeito, ainda não havia Espírito, porque Jesus ainda não fora glorificado" (Jo 7,39). Ora, esta glorificação de Jesus é sua morte na cruz.

O sopro de vida divina

A morte de Jesus abre o tempo no qual o Espírito é comunicado. O evangelho o sugere antes de tudo dizendo "[ele] entregou o espírito", ao invés de dizer que Jesus *expirou* (Jo 19,30). Trata-se de uma fórmula de duplo sentido: ele *deu seu último suspiro*, mas também: ele *transmitiu o Espírito*. Depois, na tarde da Páscoa, Jesus "*soprou sobre* eles [os discípulos] e lhes disse: 'Recebei o Espírito Santo'" (Jo 20,22), como Deus, nas origens da humanidade: "O Senhor Deus modelou o homem com o pó apanhado do solo. Ele insuflou nas suas narinas o hálito da vida, e o homem se tornou um ser vivente" (Gn 2,7). A seguir, o Ressuscitado anuncia que o envio do Espírito recria a humanidade libertando-a do pecado (Jo 20,23).

Entre estes dois episódios que destacam o sopro, o Espírito reaparece sob a forma de água: "Um dos soldados feriu-lhe o lado com a lança, e imediatamente saiu sangue *e água*" (Jo 19,34). A menção do sangue confirma a morte, mas aquela da água deve recordar ao leitor a promessa da Festa das Tendas: "Do seu seio [Jesus] jorrarão *rios de água viva*" (Jo 7,38). João explicava que esta palavra remetia ao dom do Espírito após a glorificação de Jesus: é a nossa situação atual. No santuário de seu corpo (Jo 2,21), o Crucificado cumpre os oráculos dos profetas: "Eis, saía *água* debaixo da soleira do Templo, em direção ao oriente" (Ez 47,1); "Naquele dia, *águas vivas* sairão de Jerusalém" (Zc 14,8).

O Paráclito

Ao lado dessas imagens, João fala do Espírito como de um "Paráclito". A palavra grega *parákletos* significa "defensor", "consolador", "intercessor", "advogado"; em hebraico moderno, *peraqlît* (decalque do grego) designa um advogado. Ora, na Bíblia apenas o Quarto Evangelho e a Primeira Carta de João empregam este termo, mas para designar duas pessoas diferentes. Durante a última ceia, Jesus diz a seus discípulos: "Se me amais, observareis os meus mandamentos; quanto a mim, eu rogarei ao Pai, e ele vos dará um *outro Paráclito*, que permanecerá convosco para sempre. É ele o Espírito da verdade..." (Jo 14,15-17).

Jesus designa o Espírito da verdade como "outro Paráclito". Quem seria, então, o primeiro? O evangelho nada diz a respeito, mas a Primeira Carta de João nos ensina:

> Meus filhinhos, eu vos escrevo isto para que não pequeis. Mas se acontece a alguém pecar, temos como que um *Paráclito* diante do Pai, Jesus Cristo, o justo. Pois ele é vítima de expiação por nossos pecados; e não somente pelos nossos, mas também pelos do mundo inteiro (1Jo 2,1-2).

Aqui, o Paráclito designa Jesus ressuscitado, exaltado "junto do Pai", a interceder pelos pecadores. Além disso, quando Jesus anuncia antes da Páscoa "um outro Paráclito" (Jo 14,16), não fala de um sucessor que retomaria o papel que ele próprio tivesse abandonado ao subir para junto do Pai. Durante sua vida, os crentes têm dois Paráclitos para apoiá-los: no céu, o Ressuscitado *intercede* por eles; na terra, o Espírito *conforta-os* em sua comunhão com Jesus e o Pai. Apoiados por Jesus e pelo Espírito, as *duas mãos do Pai*, como diria Irineu, os crentes estão entre boas mãos.

O Quarto Evangelho menciona ainda três vezes o Paráclito. Ele será enviado pelo Pai, a pedido do Filho: "O Paráclito, o Espírito Santo que *o Pai enviará em meu nome*, vos ensinará todas as coisas e vos fará recordar tudo o que eu vos disse" (Jo 14,26).

O Espírito nada acrescenta ao ensinamento de Jesus, o único Revelador, mas ajuda os discípulos a se *recordarem* de suas palavras, e vem em auxílio de sua memória, fraca e parcial, para que as compreendam mais profundamente (cf. Jo 2,17.22; 12,16; 20,9). A sequência do texto desenvolve este ponto: "Quando vier o Paráclito que eu vos enviarei de junto do Pai, o Espírito da verdade, que procede do Pai, ele próprio dará testemunho de mim; e, por vossa vez, vós dareis testemunho, porque estais comigo desde o começo" (Jo 15,26-27).

Aqui, é Jesus quem envia o Espírito; antes, era o Pai; mas Pai e Filho trabalham juntos (cf. Jo 5,17; 10,30). Jesus acrescenta que o Espírito vai testemunhá-lo perante os seus discípulos, para permitir-lhes serem por sua vez testemunhas de sua missão. Os primeiros discípulos estiveram com ele "desde o começo", mas os das gerações subsequentes *começaram* um dia a seguir Jesus (cf. 1Jo 2,24).

A última vez que *parákletos* é empregado sublinha a necessidade da ausência de Jesus:

> É de vosso interesse que eu parta; com efeito, se eu não partir, o Paráclito não virá a vós; se, pelo contrário, eu partir, eu vo-lo enviarei. E ele, com sua vinda, confundirá o mundo a respeito do pecado, da justiça e do julgamento; a respeito do pecado, porque eles não creem em mim; a respeito da justiça, porque eu vou para o Pai e não me vereis mais; a respeito do julgamento, porque o príncipe deste mundo foi julgado (Jo 16,7-11).

O Paráclito mostra aos discípulos a recusa do mundo em crer em Jesus, ele os faz compreender que a morte de Jesus corresponde à vontade do Pai, e lhes assegura sua vitória sobre o mundo (Jo 16,33) e seu príncipe (Jo 16,11).

Esta última passagem se conclui com uma lembrança do papel didático do Espírito:

> Quando vier o Espírito da verdade, ele vos conduzirá à verdade plena, pois ele não fala por si mesmo, mas dirá o que ouvir e vos comunicará tudo o que está por vir. Ele me glorificará, pois receberá do que é meu e vo-lo comunicará. Tudo o que o meu Pai possui me pertence; é por isso que eu disse: "ele vos comunicará o que recebe de mim" (Jo 16,13-15).

O Espírito dá aos discípulos o ensinamento do Filho, que vem do Pai; é assim que ele os conduz à verdade (cf. Jo 7,16-17; 12,49-50). Pai, Filho e Espírito são inseparáveis.

Dar a vida

As três "pessoas" da futura teologia cristã já se encontram indissociáveis em João, como vemos nesses versículos isolados:

"Com efeito, aquele que Deus enviou diz as palavras de Deus, que o Espírito lhe dá sem medida" (Jo 3,34). É difícil saber quem dá o Espírito sem medida: o Pai ao Filho que ele nos envia? Ou o Filho enviado àquele que nele crê, para obter a vida eterna (Jo 3,36)? Sem dúvida, os dois, pois Deus é de uma generosidade superabundante. Quanto ao dom da vida eterna, ele é também obra tanto do Pai quanto do Filho e do Espírito. João é o único evangelista a utilizar o verbo "fazer viver", e o utiliza para cada "pessoa" divina:

- o Pai e o Filho: "Com efeito, assim como o Pai reergue os mortos e os *faz viver*, o Filho também *faz viver* quem ele quer" (Jo 5,21);
- o Espírito: "É o Espírito que *faz viver*, a carne para nada serve. As palavras que eu vos disse são espírito e vida" (Jo 6,63).

9
Meu Pai e vosso pai
Tema 6

Para João, Deus é o Pai de Jesus, mas o é também de seus discípulos. E num futuro próximo – pois a conversão do mundo era verdadeiramente esperada (cf. Jo 17,21.23) – a comunhão com o Pai se revela como um fim acessível a todos os homens. Ao dizer isso, João nada está inventando: ele se encontra sobre as pegadas das Escrituras judaicas, abertas por uma página na qual se invoca a criação de toda a humanidade à imagem de Deus (Gn 1,26-27). E ele tirou deste texto um de seus *leitmotifs*: "Produzi fruto!" (Jo 15,8; Gn 1,28). As Escrituras de Israel ofereceram-lhe o tema da paternidade divina, mesmo se no AT seja ainda algo discreto. Mas João se inspira sobretudo na pregação e no comportamento de Jesus. A tradição sinótica já relatava o espanto suscitado pelo modo pouco habitual com o qual Jesus ensinava e comentava a Escritura, como se soubesse do que falava, como quem advinha: "Sei de onde venho e para onde vou" (Jo 8,14). Quando Jesus fala de Deus como de um Pai, sabe do que fala, mas seus ouvintes têm dificuldade em compreender: "Eles não compreenderam que lhes falava do Pai" (Jo 8,27).

Relação com o AT

É da Bíblia judaica, em sua versão grega (a Septuaginta), que João herdou sua compreensão de Deus. Entre outros pontos, o diálogo entre Jesus e a samaritana aborda a questão do lugar onde se deve adorar (Jo 4,20). Ora, Jesus lhe responde anunciando que se trata de "adorar o Pai", e acrescenta: "Vós adorais o que não conheceis; nós adoramos o que conhecemos, pois a salvação vem dos judeus" (Jo 4,22). Mais tradicionais que os judeus – aliás, alguns estimam que a palavra "samaritano" significasse primeiramente "conservador" –, os samaritanos só reconhecem como sendo Escritura os cinco livros de Moisés, o Pentateuco. Ora, a paternidade de Deus não é lá tratada, senão uma vez apenas, falando a favor de Israel (Ex 4,22). São os livros proféticos que evocam o tema, e alguns salmos desenvolverão a convicção de um chamado a uma comunhão estreita, quase filial, entre o orante e o Deus de Israel.

Se "a salvação vem dos judeus", é possivelmente porque o que salva o homem e o faz viver é saber que Deus é seu Pai: "Pois tu és nosso Pai! [...] Senhor, que és nosso Pai, nosso Redentor desde sempre, este é o teu nome [...]. Senhor [...], somos argila, e tu, quem nos modela; *todos* nós somos a obra da tua mão" (Is 63,16; 64,7). Os profetas anunciaram um tempo em que a relação filial valerá para todo homem: "Todos serão instruídos por Deus" (Jo 6,45a: cf. Is 54,13; Jr 31,33-34). João também faz Jesus dizer: "Todos que ouviram aquele que vem do Pai e receberam o seu ensinamento vêm a mim" (Jo 6,45b). Ao descobrir a paternidade de Deus, nós também descobrimos o Filho Unigênito, e reciprocamente.

O Pai e os homens

Se, em João, Jesus costuma dar a impressão de se colocar à frente, é porque afirma ser o caminho que leva ao Pai (cf. Jo 14,6). Acolhê-lo é também acolher o Pai, escutá-lo com respeito e amizade é abrir-se ao Pai; e recusá-lo é se fechar ao Pai. Igualmente, não honrar o Filho, odiá-lo, é agir do mesmo modo para com o Pai (Jo 5,23; 15,23-24). É o Pai que dá discípulos a Jesus (Jo 6,37.44.65), mas por sua vez é Jesus quem faz conhecer o Pai: vê-lo já é de certo modo ver o Pai e dele receber a Vida (Jo 6,40; 14,9); ouvi-lo é acolher o ensinamento do Pai (Jo 5,24; 12,47-50; 14,24). Jesus também revela o Pai por meio de suas obras (Jo 10,32). O Espírito vem do Pai a pedido do Filho, para lhes fazer crescer na inteligência do mistério do Filho (Jo 15,26).

Há uma verdadeira solidariedade entre Jesus e seus discípulos, pois eles têm o mesmo Pai: "Eu subo para o meu Pai e vosso Pai, para o meu Deus e vosso Deus" (Jo 20,17). Mas ao mesmo tempo sua relação com o Pai é diferente, o que exprime bem o versículo precedentemente citado. João preocupa-se em sublinhar a distinção entre Jesus e seus discípulos em sua relação com o Pai: de fato, ele chama Jesus (ou o Verbo) de *monogenés*, "Unigênito-engendrado" (Jo 1,14.18; 3,16.18); e, sobretudo, diferentemente de Paulo, reserva a Jesus a palavra *huios*, "Filho", enquanto para os outros homens emprega o termo *tekna*, "crianças", "filhos" (Jo 1,12; 11,52; cf. também 1Jo 3,1.2.10; 5,2).

Uma audaciosa comunhão

O projeto do Pai para os homens é um projeto de salvação, ou seja, um projeto de vida. Frequentemente, compreendemos a ideia teológica de salvação como um resgate, uma operação de socorro numa urgência. Claro, há esta dimensão na Bíblia, em particular no NT: o homem pecador corre risco de vida, e Deus lhe envia meios de salvação, para livrá-lo das forças da morte, para libertá-lo do pecado. É bem este um dos motivos do envio do Filho: "o cordeiro de Deus que tira o pecado do mundo" (Jo 1,29.36). Mas João vai mais longe ao formular esta salvação: na verdade, este termo designa nada menos que a plena comunhão entre Deus e os homens, ou seja, a vida. É interessante saber que na tradição siríaca, tão próxima das origens cristãs – o siríaco é uma forma cristã do aramaico –, o termo "Salvador", empregado pelos samaritanos em relação a Jesus, é traduzido por "Vivificador" (Jo 4,42); e do mesmo modo, o verbo "salvar" é traduzido por "vivificar". O Deus de João é resolutamente um Deus que vivifica, assim como seu Filho e seu Espírito.

Oferecer aos homens a vida eterna, ou a comunhão com o Pai, é convidá-los a passar pelo Filho. Durante a última ceia, Jesus diz a seus discípulos que ele não mais os considera servos, mas sim "amigos", porque nada lhes esconde daquilo que ouviu de seu Pai (Jo 15,15). E esta revelação é feita logo depois dos dois gestos inesperados: o lava-pés e o dom do bocado a Judas. Criando nova relação entre si e seus discípulos, Jesus assinala que o mesmo vale para a relação com o Pai. São Paulo e os sinóticos haviam percebido isto, e é por isso que transmitiram a oração de Jesus endereçada a seu "Pai" (*Abbá*), convidando os discípulos a fazer o mesmo. Situar-se perante Deus não mais como servos ante um senhor, mas como amigos diante de um amigo, foi a experiência passageira oferecida a Abraão (Is 41,8; Tg 2,23) e a Moisés (Ex 33,11): doravante, ela é ofertada duravelmente a todos os que creem.

Um "pai-nosso" escondido no evangelho

O "pai-nosso" é a oração cristã por excelência. Foi criada por Jesus para os seus discípulos; as Igrejas transmitiram-na como a "oração dominical", a oração que vem do Senhor. Ao mesmo tempo, é claro que Jesus baseou-se na tradição bíblica para as fórmulas desta oração. Mas ela tem uma caraterística surpreendente: sua total discrição — completo apagamento — face àquele que a transmite, Jesus. Ela não apresenta nenhuma palavra sobre ele, nem como Filho Unigênito do Pai, nem como Paráclito a interceder pelos pecadores, nem como Salvador. Oração comunitária, que é dita no plural, ela só trata do Pai e da sua relação com os crentes. Com Paulo, os evangelhos sinóticos são preciosos testemunhos da oração a Deus Pai:

- Marcos fala do *Abbá* de Jesus durante sua agonia (Mc 14,36);
- Mateus nos dá a versão do "pai-nosso" canonizada pelas liturgias cristãs;
- Lucas, numa versão mais breve, sublinha melhor a relação de cada orante com o Pai;

E João? Curiosamente, mesmo que o nome do Pai seja frequente em seu texto, e que ele vá tão longe no convite à intimidade com este Pai, não encontramos nele, ao menos numa primeira leitura, uma oração equivalente ao "pai-nosso". Contudo, olhando o texto do evangelho mais de perto, podemos notar elementos que, reunidos, constituem uma sorte de versão joanina do "pai-nosso":

Versão oficial (Mt 6,9-13)	Um "pai-nosso" escondido em João
Pai nosso,	"Meu Pai e vosso pai" (Jo 20,17); "Pai!" (Jo 11,41; 12,27.28; 17,1.5.11.21.24.26).
que estais nos céus,	"Jesus ergueu os olhos (para o céu)" (Jo 11,41); "Jesus ergue os olhos para o céu" (Jo 17,1).
santificado seja o vosso nome,	"Glorifica o teu nome" (Jo 12,28); "O que glorifica meu Pai é que produzais fruto em abundância e vos torneis meus discípulos" (Jo 15,8).
venha a nós o vosso Reino,	"A menos que nasça de novo, ninguém pode ver o Reino de Deus"; "Ninguém, a não ser que nasça da água e do Espírito, pode entrar no Reino de Deus" (Jo 3,3.5).
seja feita a vossa vontade, assim na terra como no céu.	"Pois eu desci do céu para fazer [...] a vontade daquele que me enviou" (Jo 6,38).
O pão nosso de cada dia nos dai hoje,	"O meu alimento é fazer a vontade daquele que me enviou e realizar a sua obra" (Jo 4,34); "É o meu Pai que vos dá o verdadeiro pão do céu"; "Senhor, dá-nos sempre este pão" (Jo 6,32.34).
perdoai-nos as nossas ofensas, assim como nós perdoamos a quem nos tem ofendido,	"Eis o cordeiro de Deus que tira o pecado do mundo" (Jo 1,29); "Um mandamento novo eu vos dou: amai-vos uns aos outros. Como eu vos amei, vós também amai-vos uns aos outros. Nisto todos reconhecerão que sois meus discípulos: no amor que tiverdes uns para com os outros" (Jo 13,34-35; cf. 15,12.17).

e não nos deixeis cair em tentação, mas livrai-nos do mal.	"Pai santo, guarda-os em teu nome, que tu me deste [...]. Eu os protegi e nenhum deles se perdeu [...]. Eu não te peço que os tires do mundo, mas que os guardes do Maligno" (Jo 17,11.12.15).

A maior parte dos elementos da oração dominical tem um ou vários paralelos joaninos. Mas João lhes confere algumas notas particulares. Primeiramente, Jesus é apresentado em seu texto como o mediador entre Deus e os homens: ele é o *Cordeiro de Deus* que tira o(s) pecado(s) (dos discípulos e) do mundo – tema desenvolvido na Primeira Carta de João (1Jo 2,2). Importante: ele não ensina seus discípulos a rezar, mas ora ele mesmo, em voz alta, perante eles. Todas as formas de oração são antes expressas e vividas por ele:

- A ação de graças (Jo 11,41: "Pai, eu te dou graças por me teres atendido");
- A súplica (Jo 12,27: "Pai, salva-me desta hora!");
- A obediência confiante (Jo 12,28: "Pai, glorifica o teu nome"; 17,1: "Pai, [...] glorifica o teu Filho"; 17,5: "E agora, Pai, glorifica-me...");
- A intercessão (Jo 14,16; e, sobretudo, 17,11: "Pai santo, guarda-os..."; 17,24: "Pai, quero que, lá onde eu estiver, os que me deste...").

Notemos, ainda, este último pedido: é o único do evangelho em que Jesus ousa dizer "eu quero" a seu Pai, pois sua vontade está unida à do Pai, uma vontade de salvação, de vida. Pai e Filho se unem para atender a verdadeira oração dos discípulos (Jo 14,13-14; 16,23).

Ao orar, Jesus não faz como se interpretasse um orante, para nos mostrar o bom exemplo: ele exprime a realidade mais profunda de seu ser de Filho. Pois, para João, *orar* não é primeiramente uma relação desigual entre uma divindade dominante e um ser humano prosternado; é uma relação dialogal, amorosa e confiante entre um filho e seu pai. Como Jesus o diz a seus discípulos (Jo 16,24) e a seu Pai (Jo 17,13), esta realidade não pode trazer senão alegria, uma perfeita alegria.

O evangelho de João orienta o leitor a uma compreensão renovada da aliança estabelecida pelo Deus da Bíblia com o ser humano. O termo que melhor exprime isso não está no evangelho, mas é lido na Primeira Carta de João: comunhão (1Jo 1,3.6.7). Este estado se realiza pela mediação do Filho, para aprofundar-se tanto em relação à fonte, o Pai, quanto em relação aos seres humanos. É por isso que a comunidade joanina recebe como um guia o mandamento do amor fraterno.

10
A recepção do evangelho segundo João

Eis algumas passagens do Quarto Evangelho que influenciaram os debates teológicos, as confissões de fé e a liturgia.

O evangelho de João e a salvação dos não cristãos

> Em verdade, em verdade eu te digo: ninguém, a não ser que nasça da água e do Espírito, pode entrar no Reino de Deus (Jo 3,5).

O batismo é indispensável para a salvação? "Ao nos ensinar claramente sobre a necessidade da fé e do batismo" (cf. Mc 16,16; Jo 3,5), ele nos confirma ao mesmo tempo a necessidade da própria Igreja, na qual os homens entram pela porta do batismo (*Lumen gentium* 14; cf. também o § 9 e *Ad gentes* 7).

Segundo a Comissão Teológica Internacional, "não devemos [por isso] concluir que aquele que não recebeu o sacramento do batismo não possa ser salvo. Devemos concluir que ninguém é salvo sem relação com o batismo e a Eucaristia e, pois, com a Igreja, que se define por estes sacramentos" (*A esperança da salvação para as crianças que morrem sem batismo*, 2007, § 99).

No Prólogo, o "poder de se tornarem filhos de Deus" visa a todos aqueles que creem na Palavra de Deus (Jo 1,12), mesmo sem conhecer sua encarnação em Jesus (Jo 1,14). Escutar a voz de sua consciência já é acolher esta Palavra.

O evangelho de João e o antissemitismo cristão

> O vosso pai é o diabo, e vós estais determinados a realizar os desejos do vosso pai (Jo 8,44).

São João condena os "judeus"? Este versículo não nos dá uma definição ontológica da relação dos "judeus" com o Diabo, mas foi frequentemente interpretado neste sentido (por exemplo, pelos nazistas). Ser do diabo não é "ter nascido" do Maligno; significa, em ato, fazer a escolha do pecado:

> Quem comete o pecado é do diabo, pois o diabo é pecador desde o princípio. Eis por que apareceu o Filho de Deus: para destruir as obras do diabo [...]. Nisto se manifestam os filhos de Deus e os filhos do diabo: todo aquele que não pratica a justiça não é de Deus, nem aquele que não ama o seu irmão (1Jo 3,8.10).

O Vaticano II declara: "Ainda que autoridades judaicas, com seus partidários, tenham levado Jesus à morte (cf. Jo 19,6), o que ocorreu durante sua Paixão não pode ser imputado nem indistintamente a todos os judeus que então viviam, nem aos judeus de nosso tempo [...]. Os judeus não devem [...] ser apresentados como reprovados por Deus nem como malditos, como se isso decorresse da Sagrada Escritura" (*Nostra aetate* 4).

O evangelho de João e a querela do *Filioque*

Uma expressão joanina, "o Espírito da verdade, que procede do Pai" (Jo 15,26), encontrou lugar no Credo niceno-constantinopolitano (381). Mas o Quarto Evangelho (cf. Jo 15,26; 16,7; 20,22) levou os teólogos latinos (Ambrósio, Agostinho, Tomás de Aquino etc.) a declarar que o Espírito também procede do Filho. Na Espanha, e depois nas Igrejas francas (século IX) e em Roma (século XI), os latinos introduziram a menção "e do Filho" (Filioque) no Credo: o Espírito Santo procede do Pai *e do* Filho. Os orientais ficaram chocados com o fato de o Símbolo da fé ter sido tocado. Mas esta querela do *Filioque* é um tanto estéril: orientais e latinos podem estar de acordo sobre o fato de que o dom do Pai nos é comunicado pelo Filho, e que o Espírito é tanto do Pai quanto do Filho (cf. Rm 8,9.11).

O evangelho de João na liturgia

Desde a Antiguidade, o evangelho de João alimentou a liturgia.

- De seu texto retiramos importantes passagens lidas na Quaresma, que preparam os catecúmenos para receber o batismo, assim como certos ritos da Semana Santa:
  - 3º Domingo da Quaresma: encontro de Jesus com a samaritana (Jo 4,1-42). Anúncio da água viva: dom do Espírito Santo e do próprio Cristo, "dado" por Deus (Jo 3,16);
  - 4º Domingo da Quaresma: a cura do cego de nascença (Jo 9,1-41). O homem curado faz um caminho de fé, o que faz dele um modelo de discípulo (Jo 9,28);

- 5º Domingo da Quaresma: retorno de Lázaro à vida (Jo 11,1-57). Anúncio da morte e da ressurreição de Jesus, às quais os catecúmenos se unirão pelo batismo (cf. Rm 6,3-4);
- Domingo de Ramos: o uso dos ramos de palmeiras vem de João (Jo 12,13);
- Na Quinta-feira Santa, várias Igrejas fazem o lava-pés: "Se pois eu, o Senhor e Mestre, vos lavei os pés, vós deveis, também vós, lavar-vos os pés uns dos outros; pois é um exemplo que vos dei: o que eu fiz por vós, fazei-o vós também [...]. Sabendo isso, sereis felizes, se ao menos o puserdes em prática" (Jo 13,14-17);
- Na Sexta-feira Santa, os cristãos reformados costumam ouvir a *Paixão segundo São João*, de J. S. Bach. Os católicos latinos leem a narrativa joanina da Paixão (Jo 18–19). Algumas vezes, cantam o *Stabat Mater*, em que o autor combinou uma citação de João – "Perto da cruz de Jesus permaneciam de pé a sua mãe..." (Jo 19,25) – com uma alusão à compaixão de Maria: "A ti mesma, uma espada te transpassará a alma" (Lc 2,35).

– Mas a liturgia cotidiana latina também utiliza certos versículos de João:

- Na Oração Eucarística IV: "É chegada a hora em que [o Filho do homem] deve ser glorificado" (Jo 12,23; 17,1); "Ele, que amara os seus que estavam no mundo, amou-os até o fim. Durante uma refeição, ele tomou o pão..." (Jo 13,1-2a). Trata-se da ligação entre o rito eucarístico e o lava-pés, que João conta no lugar da instituição da Eucaristia;

- Paz e Agnus Dei: após o pai-nosso, o presidente da celebração cita Jesus: "Eu vos deixo a paz, eu vos dou a minha paz" (Jo 14,27); depois, canta-se o Agnus Dei, o Cordeiro de Deus: "Eis o cordeiro de Deus que tira o pecado do mundo" (Jo 1,29). Esta fórmula também se encontra no Glória.

Quando o Concílio Vaticano II se refere ao evangelho de João

- Criação:
  - "Tudo foi feito por meio dele" (Jo 1,3), que conserva todas as coisas pelo Verbo (Dei Verbum 3).

- Revelação:
  - "Por meio desta revelação, o Deus invisível [...] se dirige aos homens em seu amor superabundante como a amigos (cf. Ex 33,11; Jo 15,14-15)" (Dei Verbum 2);
  - "O Cristo, que é ao mesmo tempo o Mediador e a plenitude de toda a Revelação (cf. Jo 1,14.17; 14,6; 17,1-3)" (Dei Verbum 2).

- Encarnação:
  - "O Verbo de Deus se fez carne, e habitou entre nós [...] (cf. Jo 1,14)" (Dei Verbum 17);
  - "O Verbo de Deus, por meio do qual tudo foi feito, fez-se ele mesmo carne e veio habitar a terra dos homens (cf. Jo 1,3.14)" (Gaudium et spes 38);
  - "O Verbo de Deus que, antes de se fazer carne para tudo salvar e em si recapitular, 'já estava no mundo' como a

'verdadeira luz que ilumina todo homem' (Jo 1,9-10)" (*Gaudium et spes* 57);

- O Cristo, o único verdadeiro santo:
  - "O Cristo, Filho de Deus, que, com o Pai e o Espírito, foi proclamado 'o único Santo'". Em nota: "Cf. [...] Jo 6,69" (*Lumen gentium* 39);
  - "Só ele *possui as palavras de vida eterna* (cf. Jo 6,68)" (*Dei Verbum* 17);
  - "[O Senhor], sendo *'o caminho, a verdade e a vida'* (Jo 14,6), atende a todas as expectativas espirituais [dos não cristãos], indo mais além, ultrapassando-as de modo infinito" (*Ad gentes* 13). Cf. também *Nostra aetate* 2.

- O envio do Filho:
  - "O Cristo, *que o Pai santificou (ou seja, consagrou) e enviou ao mundo* (cf. Jo 10,36), se entregou por nós" (*Presbyterorum ordinis* 12; *Ad gentes* 3);
  - "Este mundo, tal como o é hoje, este mundo confiado ao amor e ao ministério dos pastores da Igreja, *Deus o amou tanto que deu o seu Filho, o seu único* (cf. Jo 3,16). [...]. Além disso, se o Senhor Jesus disse: 'Tende confiança, eu venci o mundo' (Jo 16,33), ele, contudo, não prometeu à Igreja uma vitória total neste mundo" (*Presbyterorum ordinis* 22);
  - "*Uma vez tendo sido concluída a obra que o Pai encarregara seu Filho de cumprir na terra* (cf. Jo 17,4)" (*Lumen gentium* 4);
  - "Cristo veio ao mundo para dar testemunho da verdade, *para salvar, não para condenar, para servir, não para ser servido* (cf. Jo 3,17; 18,37)" (*Gaudium et spes* 3).

- Solidariedade de Cristo com os homens:
  - "O Verbo Encarnado em pessoa quis participar desta solidariedade. *Ele tomou parte nas bodas de Caná* (cf. Jo 2,1-11). [...] *Em sua oração, pediu que todos os seus discípulos fossem 'um'* (cf. Jo 17,21-23). Além do mais, ele mesmo se ofereceu por todos até a morte, sendo ele o redentor de todos: *'Ninguém tem maior amor que aquele que se despoja da vida por seus amigos'* (Jo 15,13)" (Gaudium et spes 32; cf. também § 24; Lumen gentium 13; Presbyterorum ordinis 8).

- O crescimento da Igreja:
  - "Começo e desenvolvimento que significam *o sangue e a água saindo do lado aberto de Jesus crucificado* (cf. Jo 19,34) e que profetizam as palavras do Senhor ao falar de sua morte: *'Quanto a mim, quando eu for elevado da terra, atrairei a mim todos os homens'* (Jo 12,32 grego)" (Lumen gentium 3; cf. também § 48 e Dei Verbum 17).

- O Reino de Cristo:
  - "O Reino de Cristo *não é deste mundo* (cf. Jo 18,36)" (Lumen gentium 13).

- O Enviado, que por sua vez também envia:
  - "Assim como *ele foi enviado* pelo Pai, o Filho enviou seus Apóstolos (cf. Jo 20,21)" (Lumen gentium 17; cf. também § 18; Ad gentes 5; Presbyterorum ordinis 2);
  - "É por isso que a Igreja anuncia aos não crentes o querigma da salvação, para que todos os homens conheçam o único e verdadeiro Deus e *aquele que ele enviou,*

Jesus Cristo (cf. Jo 17,3)" (*Sacrosanctum Concilium* 9; cf. também *Apostolicam actuositatem* 3).

- O dom e a missão do Espírito:
  - "É ele, o Espírito de vida, *a fonte de água que jorra para a vida eterna* (cf. Jo 4,14; 7,38-39) [...]. Ele introduz [a Igreja] *na plena verdade* (cf. Jo 16,13)" (*Lumen gentium* 4);
  - "O que o Senhor dissera e fizera, após a sua Ascensão os Apóstolos transmitiram-no aos seus ouvintes [...], iluminados pela luz do Espírito da verdade (Jo 2,22; 12,16; cf. 14,26; 16,12-13; 7,39)" (*Dei Verbum* 19);
  - "O Senhor Jesus [...] *lhes enviou o Espírito consolador* que *devia introduzi-los na plenitude da verdade* (cf. Jo 16,13)" (*Dei Verbum* 20);
  - "Cada crente tem o direito e o dever de exercer estes dons na Igreja e no mundo, para o bem dos homens e a edificação da Igreja, na liberdade do Espírito Santo, que 'sopra onde quer' (Jo 3,8)" (*Apostolicam actuositatem* 3; cf. também, para os pastores, *Presbyterorum ordinis* 13).

- Necessidade do Cristo:
  - "A fecundidade do apostolado dos leigos depende de sua união vital com Cristo, segundo esta palavra do Senhor: 'Aquele que permanece em mim e no qual eu permaneço, esse produzirá fruto em abundância, pois, separados de mim, nada podeis fazer' (Jo 15,5)" (*Apostolicam actuositatem* 4; cf. também *Sacrosanctum Concilium* 86).

- Imagens pastorais do Cristo e da Igreja:
  - "A Igreja [...] é o *redil* ao qual o Cristo é a única e necessária entrada (Jo 10,1-10). Ela é também o *rebanho*

[...] cujas ovelhas são alimentadas pelo próprio Cristo, Bom Pastor [...] que deu sua vida por suas ovelhas (cf. Jo 10,11-15)" (Lumen gentium 6);
- "A verdadeira videira é o Cristo [...]; pela Igreja permanecemos nele, sem o qual nada podemos fazer (Jo 15,1-5)" (Lumen gentium 6).

– A adoração do Pai:
- "Pelo batismo, os homens [...] tornam-se, pois, estes verdadeiros adoradores que o Pai busca (cf. Jo 4,23)" (Sacrosanctum concilium 6; cf. também Lumen gentium 28; Ad gentes 9).

– O novo mandamento:
- "Este povo messiânico tem por cabeça Cristo [...]. A sua lei é o novo mandamento de amar como Cristo mesmo nos amou (cf. Jo 13,34)" (Lumen gentium 9; cf. também Gaudium et spes 93; Apostolicam actuositatem 8).

– Cristo, modelo pastoral:
- "O bispo deve ter diante dos olhos o exemplo do Bom Pastor que veio [para] dar sua vida pelas ovelhas (cf. Jo 10,11)" (Lumen gentium 27); "[Os presbíteros], como bons pastores" (Presbyterorum ordinis 3; 13).

– Para concluir, eis três exemplos de mosaicos de citações e de evocações do evangelho de João:
- "Deus [...] enviou seu Filho, o Verbo eterno que ilumina todos os homens, para que ele permanecesse com eles e lhes fizesse conhecer as profundezas de Deus (cf. Jo 1,1-18). Jesus Cristo, o Verbo feito carne (cf. Jo 1,14), [...] pronuncia as palavras de Deus (Jo 3,34) e conclui a obra de

salvação que o Pai lhe encomendara (cf. Jo 15,36; 17,4). É ele – vê-lo é ver o Pai (cf. Jo 14,9) – que por sua presença [...], seus sinais e milagres, e mais particularmente por sua morte e ressurreição gloriosa dentre os mortos, enfim, pelo envio do Espírito da verdade, levou ao pleno cumprimento a revelação" (Dei Verbum 4);

- "O Cristo [é] nosso Mestre e Senhor (Jo 13,13) [...]. Não querendo ser um Messias político, a dominar pela força (Mt 4,8-10; Jo 6,15) [...], ele deu testemunho da verdade (Jo 18,37), mas não quis impô-la pela força a seus contraditores. Efetivamente, seu reino não é defendido pela espada (Mt 26,51-53; Jo 18,36), mas se estabelece escutando a verdade e dela dando testemunho, estende-se graças ao amor pelo qual Cristo, elevado na cruz, atrai para si todos os homens (Jo 12,32)" (Dignitatis humanae 11);
- "Nisso apareceu o amor de Deus por nós, no fato de que o Filho Unigênito de Deus tenha sido enviado ao mundo pelo Pai a fim de que, sendo feito homem, regenerasse todo gênero humano, resgatando-o, e que o reunisse para que se torne um (cf. Jo 11,52). É ele quem [...] dirige ao Pai esta oração por aqueles que nele creem: 'Que todos sejam um, como tu, Pai, estás em mim e eu em ti; que também eles estejam em nós, a fim de que o mundo creia que tu me enviaste' (Jo 17,21). [...] A seus discípulos, deu o novo mandamento do amor mútuo (cf. Jo 13,34) e prometeu o Espírito Paráclito (cf. 16,7) que, Senhor e vivificador (Jo 6,63), permaneceria com eles para sempre (cf. Jo 14,16). [...] Depois que o Apóstolo [Pedro] atestou-lhe seu amor, ele lhe confiou todas as suas ovelhas [...] para pastoreá-las em unidade perfeita (cf. Jo 21,15-17)" (Unitatis redintegratio 2).

11
O evangelho de João, chaves para compreender a nossa cultura

Considerado o último evangelho, e tendo por esta razão um caráter espiritual mais forte que o de seus predecessores, o evangelho de João é também aquele que com mais frequência chama a Jesus de "um homem". Não é de se impressionar que tenha tido um impacto importante no mundo das artes (pintura, escultura, literatura e música). Eis aqui alguns exemplos, que de modo algum pretendem ser exaustivos, para completar a leitura do evangelho.

Para ver

O Cordeiro de Deus (Jo 1,29.36)

– No centro da abóbada policromada (século XII), na igreja de Chalais das monjas dominicanas, em Isère, França: o Cordeiro de Deus é circundado pela inscrição AGN'(VS) D(E)I QVI TOLLIS PECCATA MVNDI DONA NOBIS PACEM AMEN: "Cordeiro de Deus que tira o pecado do mundo" (Jo 1,29) e "Eu vos deixo a paz, eu vos dou a minha paz" (Jo 14,27).

- Retábulo do *Cordeiro Místico* (1432), feito por Hubert e Jan Van Eyck, igreja de Saint-Bavon, em Gante, Bélgica. Cena inspirada no Apocalipse (Ap 5,6), mas com alusões a João: ECCE AGNVS DEI QVI TOLLIT PEC(CA)TA MV(N)DI, "Eis o Cordeiro de Deus que tira o(s) pecado(s) do mundo" (Jo 1,29) e IHES(VS) VIA e VITA V(ER)ITA(S): "Eu sou o caminho, a verdade e a vida" (Jo 14,6). O sangue do Cordeiro se derrama em um cálice: "Aquele que come a minha carne e *bebe o meu sangue* permanece em mim e eu nele" (Jo 6,56).

As bodas de Caná (Jo 2,1-11)

- Tela monumental (1563), feita por Veronese, no Museu do Louvre, em Paris, França.

O testemunho de João Batista (Jo 3,30)

- Retábulo de Issenheim (c. 1512-1526), por Matthias Grünewald, no Museu de Unterlinden, Colmar, França. "É preciso que ele cresça e eu diminua" (Jo 3,30), diz o Batista, apontando o Crucificado.

A samaritana (Jo 4,4-42)

- Obra de arte desaparecida. Em 1602 o rei francês Henrique IV fez construir junto à Pont-Neuf, em Paris, um pavilhão que abrigava uma fonte. Um baixo-relevo esculpido ornava a fachada: Jesus pedindo de beber à samaritana (Jo 4,6-7). A obra desapareceu, mas em 1869 uma grande loja de departamentos foi construída perto do local, recebendo o nome de *La Samaritaine*.

Maria Madalena e Jesus ressuscitado (Jo 20,11-18)

- Afresco de 1440-1442, feito por Fra Angelico, no Convento São Marcos, em Florença, Itália. Jesus ressuscitado diz a Maria: "Não me retenhas" (Jo 20,17).

A incredulidade de Tomé (Jo 20,24-28)

- Baixo-relevo de meados do século XI no claustro da Abadia de Los Silos, na Espanha (Tomé toca o lado de Jesus).
- Quadro pintado por volta de 1603 por Caravaggio, no Palácio de Sanssouci, Potsdam, Alemanha (Tomé examina o lado de Jesus).
- Quadro de 1634 de Rembrandt, no Museu do Ermitage, em São Petersburgo, na Rússia (Tomé recua, sem tocar Jesus).

Para ler: algumas interpretações surpreendentes

A cura de um paralítico (Jo 5,2-9)

- Arthur Rimbaud (1854-1891), em Iluminações XLVI: "Betzatá, a piscina das cinco galerias, era um ponto de aborrecimentos. Parecia um sinistro lavadouro, sempre castigado pela chuva e escuro [...]. Foi lá que Jesus fez sua primeira ação importante, com os infames enfermos [...]. O divino mestre se escorava numa coluna: ele olhava para os filhos do Pecado; o demônio colocava sua língua para fora na língua deles, e ria para o mundo. O Paralítico se levantou, aquele que estava deitado sobre o flanco, e foi com um passo singularmente seguro que os Condenados o viram atravessar a galeria e desaparecer na cidade".

Lázaro e a literatura "lazarena" (Jo 11)

O biblista Alain Marchadour evoca "a solidão de Lázaro em um mundo sem Deus" (Lazare, Paris, Bayard, 2004, 125-138), referindo-se a (aos):

- Romances: Dostoiévski, Crime e castigo, 1866; Andreiev, Lázaro, 1906; O'Neill, O riso de Lázaro, 1927;
- Uma peça de teatro: Yeats, Calvary, 1921;
- Ou a poemas: Robinson, Lazarus, 1925; Michaux, Cris, 1943.

Devemos ao escritor Jean Cayrol (Lázaro entre nós, 1945) o neologismo "lazareno", que depois da Segunda Guerra Mundial designa uma humanidade desumanizada, sem esperança e sem Deus.

Para escutar

O cego de nascença (Jo 9,1-41)

- Oratório The Light of Life (1896), por Sir Edward Elgar (solistas, coro, órgão e orquestra).

Lázaro (Jo 11)

- Oratório Lazarus, oder die Feier der Auferstehung, por Franz Schubert (solistas, coro e orquestra). Iniciado em 1820, mas inacabado, foi completado em 1994 por Edison Denisov.

O discurso de despedida (Jo 14-16)

- Ein deutsches Requiem (1868), por Johannes Brahms (solistas, coro e orquestra), que escolheu pessoalmente as passagens bíblicas. No quinto movimento, a soprano canta: "Vós estais agora na tristeza; mas eu vos verei de novo, o vosso coração então se alegrará e essa alegria ninguém vos arrebatará" (Jo 16,22). Durante este momento, o coro canta: "Eu vos consolarei, como quem é consolado por sua mãe" (Is 66,13).

A Paixão segundo São João (Jo 18-19)

- Johannespassion (c. 1724), por Johann Sebastian Bach (solistas, coro e orquestra). Costumeiramente cantado na Sexta-feira Santa em regiões protestantes;
- Saint John's Passion (1982), por Arvo Pärt (solistas, quarteto vocal, coro, violino, violoncelo, oboé, fagote e órgão).

Stabat Mater (cf. Jo 19,25)

- Antonio Vivaldi (1678-1741);
- Giovanni Battista Pergolesi (1710-1736);
- Antonín Dvořak (1841-1904);
- Krzysztof Penderecki (1933-2020), com sua Paixão segundo São Lucas (1966).

Conclusão

À guisa de conclusão, é útil revisitar duas das mais famosas páginas do evangelho segundo João: o Prólogo e a grande oração de Jesus na noite da Quinta-feira Santa.

Como sugerimos, pensar que o Prólogo é uma peça acrescentada a um edifício que já tinha uma bela imagem e que enraizava a narrativa evangélica nas tradições bíblicas mais antigas (Jz; 1Sm) é um modo de dizer que o autor (inspirado!) desta página sublime quis não apenas preparar o leitor para a recepção da história de Jesus que se segue, mas também fazê-lo contemplar num só olhar sua extrema importância. Trata-se da vocação do ser humano: criado à imagem e semelhança de Deus por seu Verbo eterno (Jo 1,1-5, cf. Gn 1,1-28), ele é chamado a entrar em comunhão mais estreita com seu Criador, e para realizá-lo recebe do Verbo o poder de se tornar filho de Deus (Jo 1,12). A Primeira Carta de João – proveniente do mesmo meio – extasia-se perante a grandeza do amor do Pai pelos homens: ele lhes deu a graça de serem chamados filhos de Deus, e de o ser de fato (cf. 1Jo 3,1). Entretanto, a plenitude desta vocação oferecida ao ser humano só terá lugar mais tarde, no Reino sobre o qual Jesus falava com Nicodemos, ao qual chegamos por meio do novo nascimento, do alto (cf. Jo 3,3.5). Na vida do crente existe um *agora* e um *ainda não* (cf. 1Jo 3,2).

Assim, a vida humana é compreendida como um caminho a ser feito com Cristo, para aprender dele a viver como filhos de Deus perante o Pai. O versículo final do Prólogo joga com os dois sentidos do último verbo, *exegesato*: "no-lo [o Pai] revelou", "fez-se guia" (Jo 1,18). Jesus apresenta-se em primeiro lugar como um guia que explica aos visitantes o sentido, a extensão e a pertinência de uma obra de arte: é o que ele faz ao longo de todo o livro, falando do Pai, explicando-o. Mas, na noite da Quinta-feira Santa, depois de ter ouvido Jesus responder a Tomé que ele próprio era o caminho para o Pai (cf. Jo 14,6), Felipe ousará manifestar a impaciência que já habitava o coração de Moisés (cf. Ex 33,18-23) e o do salmista (cf. Sl 4,7; 11(10),7; 17(16),15; 42(41),3-4; 63(62),2): "Senhor, mostra-nos o Pai e isto nos basta" (Jo 14,8); Jesus lhe responde recordando que ele torna o Pai presente no mundo. De fato, enquanto durar este mundo, enquanto os seres humanos habitarem nele, são convidados a acolher a palavra de Jesus, que narra o Pai, que se faz seu guia. Mas virá o dia em que o Novo Josué (= Jesus) exercerá o papel de guia de uma alta montanha: ele introduzirá os crentes na Terra Prometida definitiva, os conduzirá para o seio do Pai (Jo 1,18).

No momento de deixar este mundo, para "passar deste mundo para o Pai" (Jo 13,1), Jesus ora pelos seus (Jo 17). Poderíamos ficar facilmente chocados por uma palavra que ele diz então: "Eu rogo por eles; não rogo pelo mundo, mas por aqueles que tu me deste: eles são teus" (Jo 17,9). Jesus, proclamado pelos samaritanos como "o Salvador do mundo" (Jo 4,42), e que afirmou a Nicodemos ter sido enviado "para que o mundo seja salvo por ele" (Jo 3,17), no fim das contas teria se contentado em salvar somente alguns eleitos, o pequeno grupo dos seus? Teria decidido deixar "o mundo" à deriva, nas garras de seu "príncipe" (Jo 14,30)? Mas ele não afirma: "eu venci o mundo" (Jo 16,33)?

Na realidade, se Jesus declara que não ora pelo mundo, é porque seus discípulos têm um papel a cumprir na obra da conversão do mundo: "que eles estejam em nós, a fim de que o mundo creia que tu me enviaste" (Jo 17,21); "Que eles cheguem à unidade perfeita e, assim, o mundo possa conhecer que tu me enviaste" (Jo 17,23). Jesus, o "Paráclito [que temos] diante do Pai" (1Jo 2,1), intercede pelos discípulos que vivem na unidade e no amor fraterno. É assim que o mundo poderá descobrir a luz de Deus, e voltar-se àquele que o criou e o amou. Então, todos aqueles que tiverem acolhido o Verbo de Deus, discípulos da primeira hora ou convertidos da última, beneficiar-se-ão da oração de Jesus: "Pai, quero que, lá onde eu estiver, os que me deste estejam também comigo, e que contemplem a glória que tu me deste, pois me amaste desde antes da fundação do mundo" (Jo 17,24). "Lá onde eu estiver" é o seio do Pai (cf. Jo 1,18).

O Quarto Evangelho convida seus leitores-ouvintes a entrar na intimidade do Pai. Como a água prometida por Jesus à samaritana, ele se oferece aos crentes para fazer-lhes viver e lhes oferecer uma alegria indestrutível, que permanece para a vida eterna (cf. Jo 16,22).

Anexos

Léxico

O que diz o evangelho de João sobre Jesus

O homem Jesus

- Jesus, um homem de Nazaré
  - "Jesus [...] de Nazaré" (Jo 1,45-46)
  - "Jesus, o Nazoreu" (Jo 18,5.7; 19,19)
  - "Um homem que me disse tudo o que eu fiz" (Jo 4,29)
  - "Quem é esse homem que te disse: 'Toma a tua maca e anda'?" (Jo 5,12)
  - "Tu, sendo homem, te fazes Deus" (Jo 10,33)
  - "Este homem realiza muitos sinais" (Jo 11,47)

- Um homem inserido numa família
  - "Jesus, o filho de José" (Jo 1,45; 6,42)
  - "Sua mãe"; "A mãe de Jesus" (Jo 2,1.3.5.12; 6,42; 19,25)
  - "Acaso não conhecemos o seu pai e a sua mãe?" (Jo 6,42)
  - "Seus irmãos" (Jo 7,3.10) não criam nele (Jo 7,5)

- Um homem de carne animado por emoções e paixões
  - Ele se cansa: "Cansado da viagem, Jesus estava assim sentado junto à fonte" (Jo 4,6);
  - "Outros trabalharam [os profetas e Jesus] e vós entrastes no que lhes custou tanto trabalho" (Jo 4,38)
  - Ele tem sede: "Dá-me de beber" (Jo 4,7); "Jesus [crucificado] disse: 'Tenho sede'" (Jo 19,28)
  - Ele foge da tentação política: "Mas Jesus, sabendo que viriam pegá-lo para fazê-lo rei, retirou-se de novo, sozinho, para a montanha" (Jo 6,15)
  - Ele não pode fazer tudo o que quer: "Jesus continuou a percorrer a Galileia; pois ele não podia percorrer a Judeia, onde os judeus procuravam matá-lo" (Jo 7,1)

* Cf. João Crisóstomo (século IV): "Que dizes tu, Bem-aventurado João? Ele não tem poder, aquele que pode tudo o que quer?".
* A maioria dos manuscritos, traduções e comentadores guardaram uma afirmação mais fácil: "Ele preferia não percorrer a Judeia".

  - Ele tem amigos: "Ora, Jesus amava Marta e sua irmã e Lázaro" (Jo 11,5)
  - Ele pode ser tocado: "[Maria] ungiu os pés de Jesus, enxugou-o com seus cabelos" (Jo 12,3)
  "Jesus lhe disse [a Maria]: 'Não me retenhas! Pois eu ainda não subi para o meu Pai'" (Jo 20,17);
  "Tomé diz: '[...] se eu não enfiar o meu dedo no lugar dos cravos e não enfiar a minha mão no seu lado, não acreditarei'. [...] Em seguida, [Jesus] disse a Tomé: 'Aproxima o teu dedo aqui e olha as minhas mãos; aproxima a tua mão e coloca-a no meu lado...'" (Jo 20,25.27)

- Ele passa por sofrimentos: "Então Jesus chorou; e os judeus diziam: 'Vede como ele o amava'" (Jo 11,35-36)

— Um judeu piedoso e orante
- Jesus é um homem "cheio de piedade" (Jo 9,31)
- Ele ora (Jo 11,41-42; 12,27-28; 17,1-26)
- Ele conhece as Sagradas Escrituras (Jo 7,15)
- Ele sempre busca fazer a vontade de Deus (Jo 4,34; 5,30; 6,38; 8,29; 9,31; 11,41-42; 12,27-28; 17,4; 18,11)
- Ele prega e ensina em público, na sinagoga ou no Templo (Jo 6,59; 7,14.37; 8,20; 10,23; 18,20)

Jesus, um profeta

— Um discípulo de João Batista
- Jesus vem *depois* de João (Jo 1,15.30), *vai a João* (Jo 1,29) e *está com* ele (Jo 3,26)
- Jesus batiza como João (Jo 3,22-23.26)
- Jesus batiza mais que João (Jo 4,1): numa segunda leitura, alusão ao batismo cristão (cf. Jo 4,2)

— Um profeta entre outros
- "[...] ninguém pode realizar os sinais que tu fazes, se Deus não estiver com ele" (Jo 3,2)
- "Tu és um profeta" (Jo 4,19); "É um profeta" (Jo 9,17)
- "Um profeta não é honrado em sua própria pátria" (Jo 4,44)

— O Enviado do Pai
- "Deus enviou [Jesus]" (Jo 3,17.34; 5,38; 6,29; 7,29; 8,42; 10,36; 17,3)

- "O Pai que me enviou" (Jo 5,23.36.37; 6,44.57; 8,18; 12,49; 14,24)
- "Aquele que me enviou" (Jo 4,34; 5,24.30; 6,38.39; 7,16.18.28.33; 8,16.26.29; 9,4; 12,44.45; 13,20; 15,21; 16,5)
- "Tu me enviaste" (Jo 11,42; 17,8.18.21.23.25)
- "Como o Pai me enviou, assim também eu vos envio" (Jo 20,21)
- "Siloé – o que significa Enviado" (Jo 9,7): alusão à piscina batismal de Cristo, o Enviado

- "O Profeta" escatológico, semelhante a Moisés (cf. Dt 18,15.18)
  - "Este é verdadeiramente o Profeta" (Jo 6,14; 7,40)
  - "[...] da Galileia não surge profeta" (Jo 7,52) [variante: um profeta]

Jesus Cristo, o Filho de Deus

- A Palavra (em grego, Logos) e o Cordeiro
  - O Logos eterno de Deus (Jo 1,1-2), criador (Jo 1,3-5), que se fez carne (Jo 1,14)
  - "O Cordeiro de Deus que tira o pecado do mundo" (Jo 1,29.36): cordeiro pascal ou alusão ao sacrifício de Isaac (cf. Gn 22,8.13)?
  - O cordeiro pascal: "Era o dia da preparação da Páscoa, por volta da sexta hora", hora na qual os cordeiros eram imolados (Jo 19,14); "Nenhum de seus ossos será quebrado" (Jo 19,36; Ex 12,46).

- O "Filho de Deus"
  - O "Filho de Deus" (Jo 1,34 ou o Eleito [Is 42,1]; 1,49; 3,18; 5,25; 10,36; 11,4.27; 19,7; 20,31)

- O "Filho" (Jo 3,16.17.35.36; 5,19.20.21.22.23.26; 6,40; 8,35: escravo versus filho; 8,36; 14,13; 17,1)
- O "Filho único", do grego *monogenés* (Jo 1,14.18; 3,16.18): alusão à Isaac, filho de Abraão (Gn 22,2)
- O Filho do Pai: "Meu Pai" (Jo 2,16; 5,17.43; 6,32.40; 8,19.38.49.54; 10,15.18.25.29.37; 14,2.7.20.21.23.31; 15,1.8. 10.15.23.24; 16,15.23; 20,17)
- O Filho ora: "Pai" (11,41; 12,27.28; 17,1.5.21.24); "Pai santo" (17,11); "Pai justo" (17,25)

— Outros títulos dados a Jesus
  - "Meu Deus" (Jo 20,28)
  - "O Senhor" (Jo 6,23; 11,2; 13,13.14; 20,2.18.20.25; 21,7,12); "Meu Senhor" (Jo 20,13.28)
  - "Senhor" (Jo 4,11.15.19.49; 5,7; 6,34.68; 9,36.38; 11,3.12. 21.27.32.34.39; 13,6.9.25.36.37; 14,5.8.22; 20,15; 21,15.16. 17.20.21)

    * "Senhor" (Jo 8,11): narrativa não joanina da mulher adúltera
  - "O Cristo" (Jo 1,41; 4,25.29; 7,26.27.31.41; 9,22; 10,24; 11,27; 12,34; 20,31)
  - "Jesus Cristo" (Jo 1,17; 17,3)
  - "O Messias", no grego *messias*, no aramaico *mešiha* (Jo 1,41; 4,25)
  - "O Filho do homem" (Jo 1,51; 3,13.14; 5,27 ["Filho de homem"]; 6,27.53.62; 8,28; 9,35; 12,23.34; 13,31)
  - "O Mestre" (Jo 1,38; 3,2; 11,28; 13,13.14; 20,16)

    * Mestre (Jo 8,4): narrativa não joanina da mulher *adúltera*
  - "*Rabbi*" (Jo 1,38.49; 3,2; 4,31; 6,25; 9,2; 11,8)
  - "*Rabbouni*" (Jo 20,16)
  - "O rei de Israel" (Jo 1,49; 12,13)

- "O salvador do mundo" (Jo 4,22); "a salvação vem dos judeus" (Jo 4,42)

– Imagens ou termos que evocam a missão do Filho
  - A fonte de água viva (Jo 4,13-15; 6,35; 7,37)
  - O pão da vida (Jo 6,32-35.41.48.50.51.58)
  - A verdadeira luz (Jo 1,4.9; 3,19-21; 8,12; 9,5; 12,35-36.46)
  - A porta (Jo 10,7.9)
  - O pastor (Jo 10,11.14.16; depois da Ressurreição, Simão se torna pastor das *ovelhas de Jesus* – Jo 21,15-17)
  - O poder divino de Jesus: "Minha [vida], [...] por mim mesmo eu dela me despojo; eu tenho o poder de me despojar da vida e tenho o poder de a retomar [do Pai]" (Jo 10,18)
  - A Ressurreição (Jo 11,25)
  - O caminho (Jo 14,6); Jesus conduz os homens ao seio do Pai (Jo 1,18)
  - A verdade (Jo 14,6); Jesus dá acesso à verdade (Jo 8,32.40.45-46; 16,7)
  - A vida (Jo 1,4; 5,26; 11,25; 14,6); Jesus dá acesso à vida eterna (Jo 3,15-16.36; 4,14; 5,24.40; 6,27.33.35.40.47.48.51.53.54.63.68; 8,12; 10,10.28; 11,25; 14,6; 17,2; 20,31)

Figuras do Antigo Testamento citadas ou evocadas

Abraão   Modelo de fé, pai dos crentes (Jo 8,33.37.39abc.40.52.53.56.57.58)

Davi   Natural de Belém, ancestral do Messias (Cristo) (Jo 7,42)

Elias	Segundo Malaquias (Ml 3,23), ele deve voltar no fim dos tempos (Jo 1,21.25)
Isaac	Não é nomeado, mas a designação de Jesus como "Unigênito-engendrado" (Jo 3,16) faz alusão a ele (cf. Gn 22,2), bem como possivelmente o *Cordeiro de Deus* (Jo 1,29.36, cf. Gn 22,8.13)
Isaías	Nomeado três vezes antes de uma citação de seu livro (Jo 1,23; 12,38.39.41) *A "piscina de Siloé" (Jo 9,7.11) evoca "as águas de Siloé" (Is 8,6) *A explicação de Siloé como "Enviado" (Jo 9,7) vem da narrativa bíblica da *Vida de Isaías* (Século I d.C.) *A abertura dos olhos aos cegos (Jo 10,21) vem de Isaías 42,7 (obra do Servo de Deus)
Israel (povo)	Jo 1,31.49; 3,10; 12,13
Jacó	Na "Fonte de Jacó", a samaritana pergunta a Jesus se ele é "maior que o nosso pai Jacó" (Jo 4,5.6.12)
José	Filho preferido de Jacó, ancestral dos samaritanos (Jo 4,5)
"O Messias"	João é o único autor do NT que emprega *Messias*, transcrição do aramaico (Jo 1,41; 4,25)
Moisés	A Lei foi dada por seu intermédio (Jo 1,17; cf. também Jo 1,45; 3,14; 5,45-46; 6,32; 7,19.22-23; 9,28-29) * Jo 8,5: narrativa não joanina da *mulher adúltera*
"O Profeta"	Com o artigo, *prophetés* designa o Novo Moisés (Dt 18,15.18) (Jo 6,14; 7,40.52)
Salomão	Jesus ensinava sob o "Pórtico de Salomão" (galeria coberta, a leste do Templo) (Jo 10,23)

Zacarias	Não nomeado, mas o evangelho cita duas vezes seu livro e faz alusão a ele em outros lugares (Jo 12,15; 19,37)

Personagens próprios do evangelho de João, ou por ele destacados

Anás	Antigo Sumo Sacerdote, sogro do Sumo Sacerdote em exercício, Caifás, um dos responsáveis pela morte de Jesus (Jo 18,13.24)
André	João lhe dá um lugar importante. Discípulo de João Batista, ele o ouve dar testemunho de Jesus, deixa o antigo mestre e passa a seguir Jesus (Jo 1,40.44; 6,7-8; 12,21-22). Ele apresentará Jesus a seu irmão Simão, e possivelmente também a Filipe (Jo 1,43-44; 6,7-8; 12,21-22)
Caifás	Sumo Sacerdote, autor da seguinte profecia: "é melhor que um só homem morra pelo povo e que não pereça a nação inteira" (Jo 11,49-50; 18,13-14.24.28)
O cego de nascença	Curado por Jesus na piscina do *Enviado*, ele o defende em sua *ausência* e se torna um modelo de fé (Jo 9,1-41; 10,21; 11,37)
César	Júlio César (48-44 a.C.) legou seu nome a seus sucessores. João chama assim a Tibério (14-37) (Jo 19,12.15)
Clopas	Esposo de uma das mulheres que estava junto à cruz (Jo 19,25). Algumas vezes, identificado com Cléofas (cf. Lc 24,18)

(O) discípulo (ou: aquele) que Jesus amava	Discípulo responsável pelo projeto editorial; seu anonimato permite ao leitor identificar-se com ele (Jo 13,23; 19,26; 20,2; 21,7.20)
O enfermo de Betzatá	Ele esperava sua cura há 38 anos. Jesus lhe pergunta se ele deseja ser curado (Jo 5,6) e o cura (Jo 5,2-15)
Filipe	Natural de Betsaida, como André e Pedro, é o único chamado por Jesus a segui-lo (Jo 1,43-44.46.48; 6,5.7; 12,21-22; 14,8-9). Ele pede que Jesus lhe mostre o Pai (Jo 14,8)
João Batista	Testemunha de Jesus, ele batiza em Betânia, além do Jordão (Jo 1,28; 10,40), depois em Enon (Jo 3,23) (Jo 1,6-8.15.19-40; 3,22–4,1; 5,33-36; 10,40-42)
José de Arimateia	Discípulo de Jesus, "mas às escondidas, por medo dos judeus" (Jo 19,38), ele o sepulta, com Nicodemos (Jo 19,40.42)
Judas	Um dos Doze (Jo 14,22, cf. Lc 14,22; At 1,13)
"Os judeus"	Designação das autoridades religiosas hostis: sumos sacerdotes do tempo de Jesus ou fariseus depois do ano 70 (Jo 1,19; 2,18.20 etc.). Alguns acreditam em Jesus (Jo 3,1; 7,50-51; 8,30-31; 9,16b; 10,19.21; 12,42)
Lázaro	Irmão de Marta e de Maria, amigo de Jesus, fica doente e morre, mas Jesus o traz de volta à vida (Jo 11,1-2.5-6.11.13-14.17.37.43; 12,1-2.9-10.17)
Malco	Funcionário do Sumo Sacerdote, do qual Pedro corta a orelha, antes da prisão de Jesus (Jo 18,10)

Maria e Marta	Maria (Jo 11,1-2.19-20.28-29.31-32.45; 12,3) e Marta (Jo 11,1.5.19-21.30.39; 12,2) são irmãs de Lázaro, de Betânia (cf. Lc 10,38-42, sem Lázaro)
Maria (mulher) de Clopas	Uma das mulheres ao pé da cruz de Jesus (Jo 19,25)
Maria de Magdala	Mulher libertada por Jesus de "sete demônios" (Lc 8,2; cf. Mc 16,9), comumente confundida com a pecadora que banha de lágrimas os pés de Jesus (Lc 7,37-38) e com Maria de Betânia, que os unge com perfume (Jo 11,2; 12,3). Em João, ela vai sozinha ao túmulo (Jo 19,25; 20,1.18) e se torna "a apóstola dos apóstolos" (Jo 20,17-18)
Natanael	Um dos cinco primeiros discípulos de Jesus, natural de Caná, levado por Filipe (Jo 1,45-49; 21,2). Costumeiramente identificado com Bartolomeu (Mt 10,3 // Mc 3,18 // Lc 6,1-4; At 1,13)
Nicodemos	Fariseu, judeu notável de Jerusalém, ele vai ao encontro de Jesus durante a noite. No último dia da Festa das Tendas, ele o defende e é acusado de ser "da Galileia", discípulo de Jesus. Com José de Arimateia, sepultou Jesus (Jo 3,1.4.9; 7,50; 19,39)
Pilatos	Governador romano, vivia em Cesareia e subia a Jerusalém para as festas. Na Paixão, João lhe dá considerável espaço: numa série de sete cenas, ele dialoga com Jesus ou com "os judeus" (Jo 18,28–19,26) e pergunta (Jo 18,38): "Que é a verdade?" (Jo 18,29.31.33.35.37-38; 19,1.4-6.8.10.12-15.19.21-22.31.38)
(A) Samaritana	Mulher que veio retirar água da Fonte de Jacó (Jo 4,4-42), ela fala com Jesus e de Jesus com as

	pessoas de sua cidade (Jo 4,29); eles também ouvem Jesus e confessam-no como o "Salvador do mundo" (Jo 4,42)
Tomé	Seu nome literalmente significa "duplo" ou "dobrado" (Jo 11,16; 14,5; 20,24.26-28; 21,2); ele exerce dois papéis: sendo "um dos Doze" (Jo 20,24), exige ver o Ressuscitado; como modelo das futuras gerações, deve crer na palavra das primeiras testemunhas (Jo 20,29-31)

Nomes de lugares geográficos

Arimateia	Antiga Ramatáim (1Sm 1,1; 1 Mc 11,34), pátria de José, que com Nicodemos sepultou o corpo de Jesus (Jo 19,38)
Belém	Ignora-se se João situava o nascimento de Jesus na cidade natal do Rei Davi (Jo 7,42)
Betânia	Localidade do Monte das Oliveiras, onde vivem Marta, Maria e Lázaro (Jo 11,1.18; 12,1)
Betânia, além do Jordão	Primeiro lugar do ministério de João Batista. Em alguns manuscritos e no mosaico da igreja de Madaba (Jordânia), é chamada de Betabara, "Casa da Passagem" (= gué) (Jo 1,28)
Betsaida	Literalmente, "Casa de Pesca". Localidade do nordeste do Lago de Tiberíades, pátria de André, Simão e Filipe (Jo 1,44; 12,21)
Betzatá	Bairro de Jerusalém, ao norte do Templo. Ao lado de duas grandes bacias que forneciam água ao Templo, encontrava-se um santuário pagão de curas, com diversas pequenas bacias, em pedra talhada (Jo 5,2)

Cafarnaum	Segundo os sinóticos, lugar de atividade de André e de Simão, onde João situa uma passagem de Jesus, a cura do filho de um oficial do rei e o discurso de Jesus "na sinagoga" sobre o Pão da Vida (Jo 2,12; 4,46; 6,17.24.59)
Caná	Aldeia da Galileia, pátria de Natanael, onde Jesus fez sinais: a água se tornou vinho durante um casamento, e a cura à distância do filho de um oficial do rei (Jo 2,1.11; 4,46; 21,2)
Cedron	Torrente que corre entre Jerusalém e o Monte das Oliveiras (única menção em todo o NT) (Jo 18,1)
(O) deserto	João identifica o Batista graças a Isaías 40,3, que evoca os episódios da Serpente de bronze e do maná, e assinala a passagem de Jesus em Efraim (Jo 1,23; 3,14; 6,31.49; 11,54)
Efraim	Cidade situada numa região deserta, ao norte de Jerusalém, onde Jesus retirou-se por algum tempo com seus discípulos, quando as autoridades religiosas decidiram sua morte (Jo 11,54)
Enon	Literalmente "As Fontes", lugar da Samaria com águas abundantes, onde João Batista batizava (Jo 3,23)
Fonte de Jacó	Na "terra dada por Jacó a seu filho José" (Jo 4,5.6), não conhecida pelo AT, mas evocada nas tradições judaicas sobre o patriarca
Gabbatha	Em aramaico, "elevação" (cf. grego Lithostrotos) (Jo 19,13)
Galileia	Região montanhosa do norte de Israel, entre Samaria e o Antilíbano. Principal lugar do ministério

	de Jesus para os sinóticos, substituído por Jerusalém em João; mas João sabe que Jesus "de Nazaré" é "Galileu", e cita várias localidades da Galileia (Jo 1,43; 2,1.11; 4,3.43.45-47.54; 6,1; 7,1.9.41.52; 12,21; 21,2)
Golgotha	"Lugar dito do 'Crânio'", em razão de sua forma. Montículo onde eram feitas as execuções; João (com Mateus e Marcos) dá o nome aramaico (Jo 19,17)
Jerusalém	Lugar da morte e da ressurreição de Jesus, mas também, para João, lugar por excelência de sua pregação (Jo 1,19; 2,13.23; 4,20-21.45; 5,1-2; 7,25; 10,22; 11,18.55; 12,12)
Jordão	João menciona a região "além do Jordão", lugar da primeira atividade batismal do Batista, onde Jesus descansa, perto do final de sua vida pública (Jo 1,28; 3,26; 10,40)
Judeia	Região ao redor de Jerusalém, Belém e Efraim, ao sul da Samaria (Jo 4,3.47.54; 7,1.3; 11,7)
"Litóstrotos"	Literalmente, "Pavimento de Pedras". Esplanada situada diante do Palácio de Herodes, onde o governador romano se sentava, em suas passagens por Jerusalém (Jo 19,13)
* Monte das Oliveiras	Uma única menção, na perícope não joanina da *mulher adúltera* (Jo 8,1)
Nazaré	Aldeia da Baixa Galileia, de onde vem Jesus (Jo 1,45.46), "o nazareno" (Jo 18,5.7; 19,19)
Salim	Localidade da Samaria perto de onde João Batista batizava (cf. Enon) (Jo 3,23)

Samaria	Região situada entre a Galileia (norte) e a Judeia (sul) (Jo 4,4.5.7). Desde o século II a.C., samaritanos e judeus são adversários religiosos e políticos (cf. Jo 4,9.19-21). Jesus encontra aí uma mulher (Jo 4,9) e seus compatriotas (Jo 4,39-42). Acusado de ser um samaritano, Jesus não reage (Jo 8,48)
Sicar	Ou se trata da antiga Siquém (Gn 33,18) ou da atual cidade de Askar, perto do Monte Ebal (Jo 4,5)
Siloé	Bairro localizado ao sul de Jerusalém, onde as escavações localizaram uma grande bacia, a "Piscina de Siloé" (Jo 9,7.11). Na Festa das Tendas, tirava-se água daí para a libação sobre o altar do Templo. É neste contexto (cf. Jo 7,2.14.37; 9,14) que João situa a cura do cego de nascença por Jesus

Nomes de lugares religiosos

"(A) Casa de meu Pai"	Em João, Jesus emprega dois termos vizinhos para designar o Templo de Jerusalém (*oikos*) e o lugar escatológico da comunhão com o Pai (*oikia*). Notemos que João manifesta um profundo respeito pelo Templo de Jerusalém (Jo 2,16; 14,2)
"(O) lugar onde se deve adorar"	Para os samaritanos, é o Monte Garizim (cf. Dt 11,29; 27,12); para os judeus, é o Templo de Jerusalém (Jo 4,20)
Santuário	Outra designação do Templo (*naos*), pela qual Jesus evoca seu corpo (Jo 2,19-21)
Sinagoga	Jesus sempre falou em público, na sinagoga (Cafarnaum: Jo 6,59) e no Templo (Jo 18,20). Os

	crentes da comunidade joanina foram ameaçados de expulsão da sinagoga (*aposunagogos*)
Templo	João evoca várias vezes o lugar sagrado (*hieron*) de Israel e de Jerusalém, onde Jesus ensinava (Jo 2,14.15; 5,14; 7,14.28; [8,2]; 8,20.59; 10,23; 11,56; 18,20)
Tesouro	Espaço no Templo, perto do Pátio das Mulheres, onde Jesus ensinava (Jo 8,20)

Cronologia

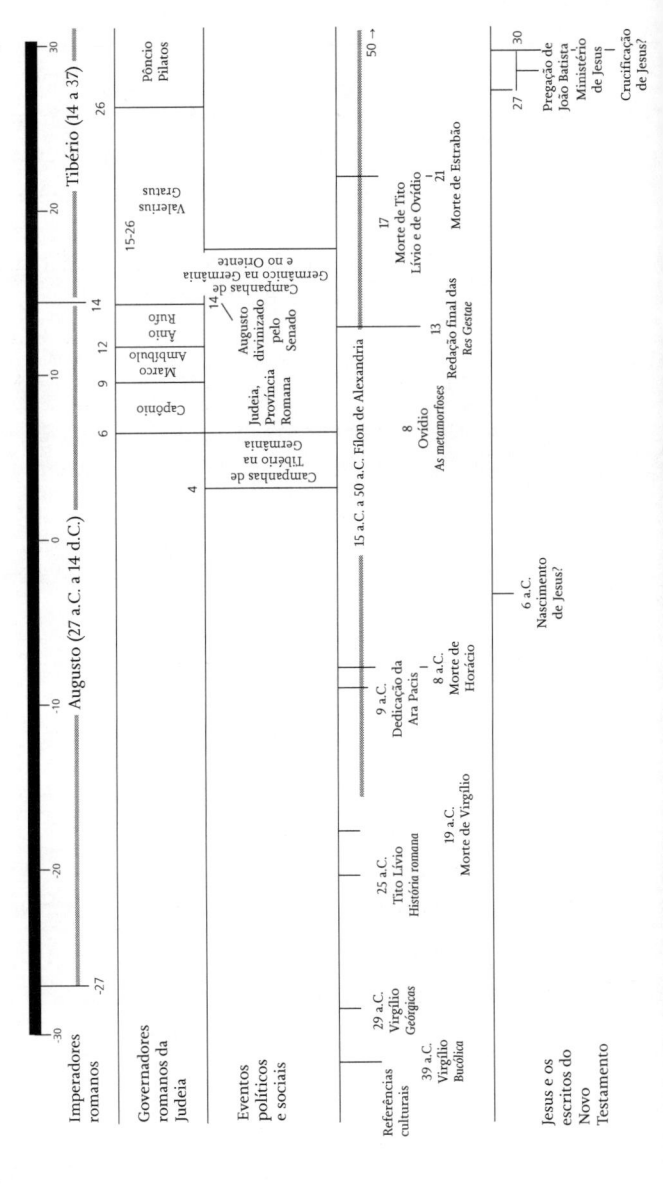

Imperadores romanos
- Augusto (27 a.C. a 14 d.C.)
- Tibério (14 a 37)

Governadores romanos da Judeia
- Copônio (6)
- Marco Ambíbulo (9)
- Ânio Rufo (12)
- Valerius Gratus (15-26)
- Pôncio Pilatos (26)

Eventos políticos e sociais
- 4 — Campanhas de Tibério na Germânia
- 6 — Judeia, Província Romana
- 14 — Augusto divinizado pelo Senado
- 14 — Campanhas de Germânico na Germânia e no Oriente

Referências culturais
- 39 a.C. Virgílio Bucólica
- 29 a.C. Virgílio Geórgicas
- 25 a.C. Tito Lívio História romana
- 19 a.C. Morte de Virgílio
- 9 a.C. Dedicação da Ara Pacis
- 8 a.C. Morte de Horácio
- 8 Ovídio As metamorfoses
- 13 Redação final das Res Gestae
- 15 a.C. a 50 a.C. Fílon de Alexandria
- 17 Morte de Tito Lívio e de Ovídio
- 21 Morte de Estrabão
- 50 →

Jesus e os escritos do Novo Testamento
- 6 a.C. Nascimento de Jesus?
- 27 Pregação de João Batista
- Ministério de Jesus
- 30 Crucificação de Jesus?

148 O Evangelho de João

Timeline (30–60)

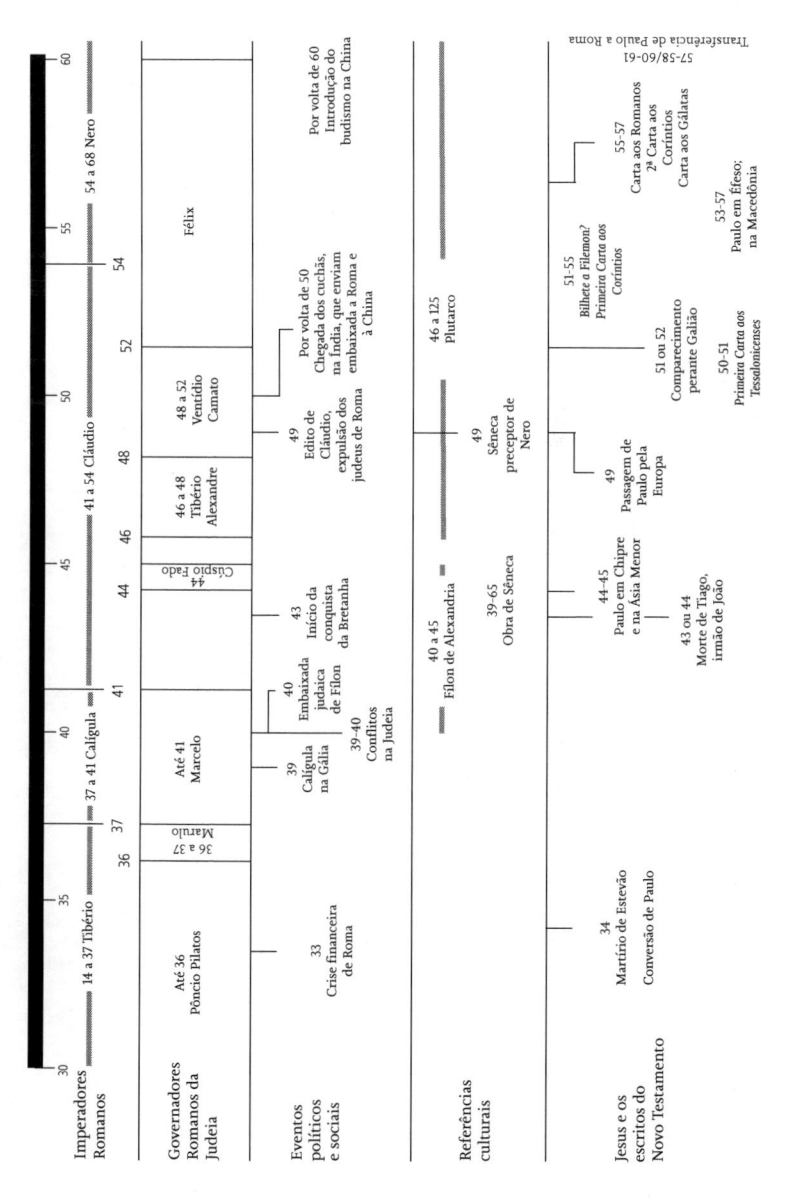

Imperadores Romanos
- 14 a 37 Tibério
- 37 a 41 Calígula
- 41 a 54 Cláudio
- 54 a 68 Nero

Governadores Romanos da Judeia
- Até 36 Pôncio Pilatos
- 36 a 37 Marulo
- Até 41 Marcelo
- 46 a 48 Tibério Alexandre
- 44 Cúspio Fado
- 48 a 52 Ventídio Camato
- Félix

Eventos políticos e sociais
- 33 Crise financeira de Roma
- 39 Calígula na Gália
- 39-40 Conflitos na Judeia
- 40 Embaixada judaica de Fílon
- 43 Início da conquista da Bretanha
- 49 Edito de Cláudio, expulsão dos judeus de Roma
- Por volta de 50 Chegada dos cuchãs, na Índia, que enviam embaixada a Roma e à China
- Por volta de 60 Introdução do budismo na China

Referências culturais
- 40 a 45 Fílon de Alexandria
- 39-65 Obra de Sêneca
- 49 Sêneca preceptor de Nero
- 46 a 125 Plutarco

Jesus e os escritos do Novo Testamento
- 34 Martírio de Estevão Conversão de Paulo
- 43 ou 44 Morte de Tiago, irmão de João
- 44-45 Paulo em Chipre e na Ásia Menor
- 49 Passagem de Paulo pela Europa
- 50-51 Primeira Carta aos Tessalonicenses
- 51 ou 52 Comparecimento perante Gálio
- 51-55 Bilhete a Filêmon? Primeira Carta aos Coríntios
- 53-57 Paulo em Éfeso; na Macedônia
- 55-57 Carta aos Romanos 2ª Carta aos Coríntios Carta aos Gálatas
- 57-58/60-61 Transferência de Paulo a Roma

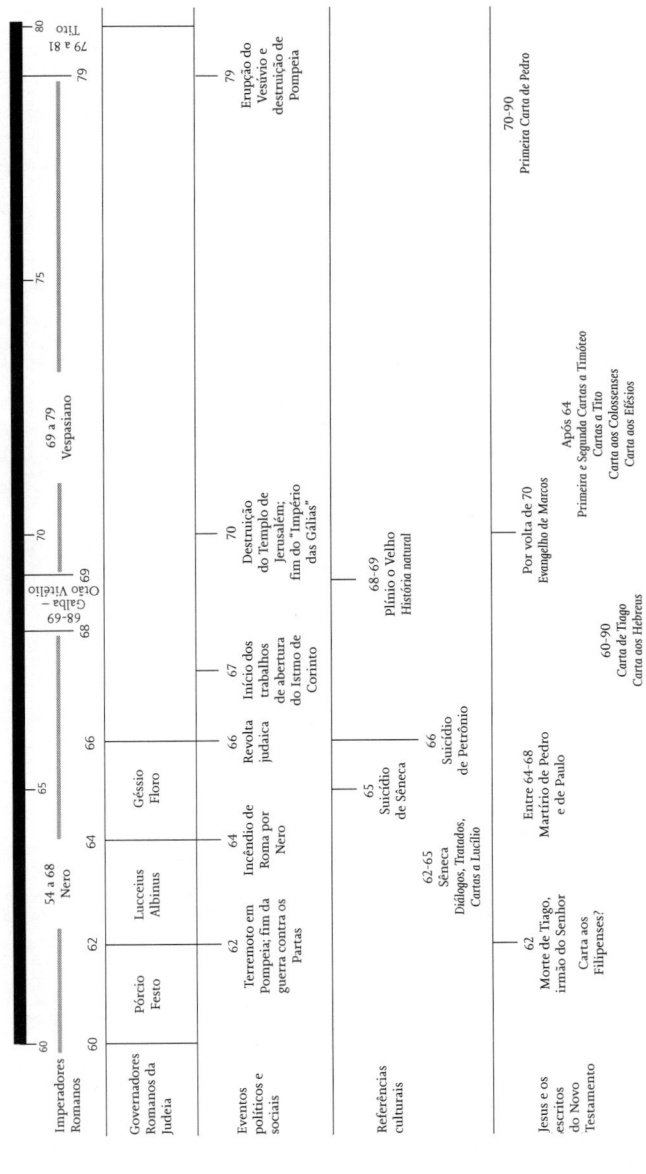

Imperadores Romanos	54 a 68 Nero						69 Galba – Otão Vitélio 69-89	69 a 79 Vespasiano			79 a 81 Tito
Governadores Romanos da Judeia	60 Pórcio Festo	62 Lucceius Albinus		65 Géssio Floro							
Eventos políticos e sociais		62 Terremoto em Pompeia; fim da guerra contra os Partas	64 Incêndio de Roma por Nero		66 Revolta judaica	67 Início dos trabalhos de abertura do Istmo de Corinto		70 Destruição do Templo de Jerusalém; fim do "Império das Gálias"		79 Erupção do Vesúvio e destruição de Pompeia	
Referências culturais		62-65 Sêneca Diálogos, Tratados, Cartas a Lucílio		65 Suicídio de Sêneca	66 Suicídio de Petrônio		68-69 Plínio o Velho História natural				
Jesus e os escritos do Novo Testamento	62 Morte de Tiago, irmão do Senhor Carta aos Filipenses?	Entre 64-68 Martírio de Pedro e de Paulo		60-90 Carta de Tiago Carta aos Hebreus		Por volta de 70 Evangelho de Marcos	Após 64 Primeira e Segunda Cartas a Timóteo Carta a Tito Carta aos Colossenses Carta aos Efésios		70-90 Primeira Carta de Pedro		

150 O Evangelho de João

Imperadores romanos

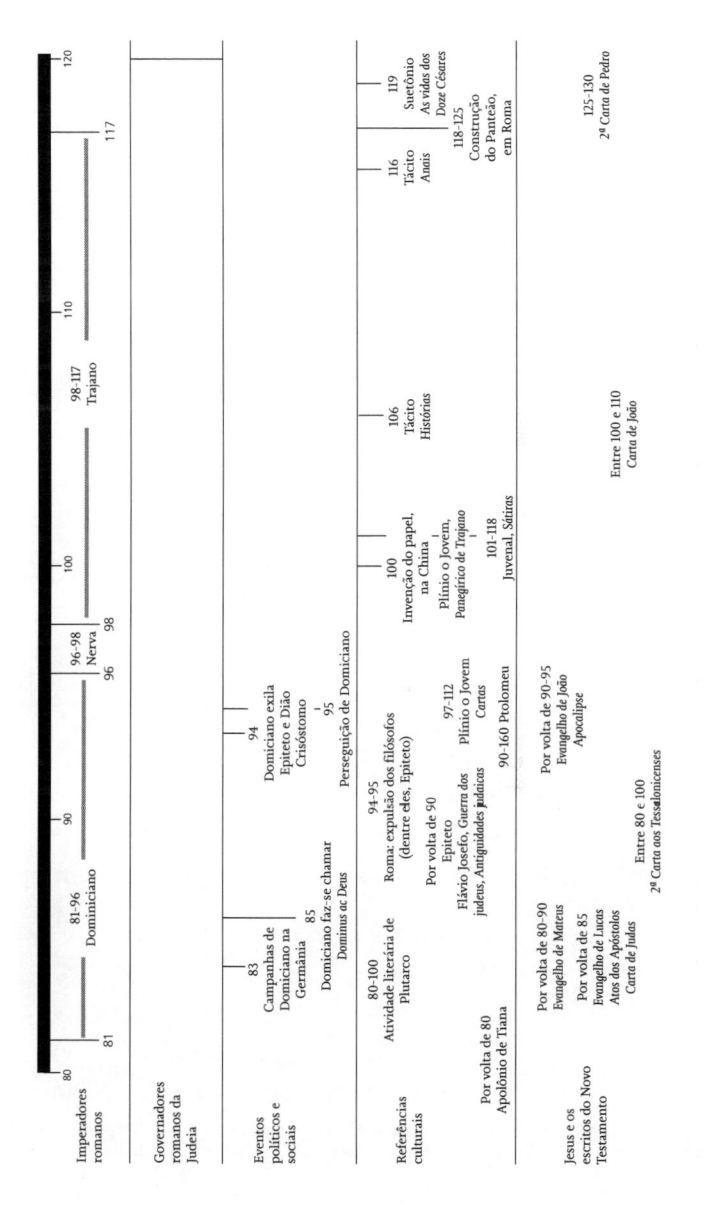

| 80 | 81-96 Domiciano | 96-98 Nerva | 98-117 Trajano | 110 | 117 | 120 |

81 — 96 — 98 — 100

Governadores romanos da Judeia

Eventos políticos e sociais

83
Campanhas de
Domiciano na
Germânia
85
Domiciano faz-se chamar
Dominus ac Deus

94
Domiciano exila
Epiteto e Dião
Crisóstomo
|
95
Perseguição de Domiciano

Referências culturais

80-100
Atividade literária de
Plutarco

Por volta de 80
Apolônio de Tiana

94-95
Roma: expulsão dos filósofos
(dentre eles, Epiteto)

Por volta de 90
Epiteto
Flávio Josefo, Guerra dos
judeus, Antiguidades judaicas

97-112
Plínio o Jovem
Cartas

90-160 Ptolomeu

100
Invenção do papel,
na China
Plínio o Jovem,
Panegírico de Trajano
|
101-118
Juvenal, Sátiras

106
Tácito
Histórias

116
Tácito
Anais

118-125
Construção
do Panteão,
em Roma

119
Suetônio
As vidas dos
Doze Césares

Jesus e os escritos do Novo Testamento

Por volta de 80-90
Evangelho de Mateus

Por volta de 85
Evangelho de Lucas
Atos dos Apóstolos
Carta de Judas

Entre 80 e 100
2ª Carta aos Tessalonicenses

Por volta de 90-95
Evangelho de João
Apocalipse

Entre 100 e 110
Carta de João

125-130
2ª Carta de Pedro

Anexos **151**

Mapas

Mapa 1. *O Império Romano no século I.* Principais Províncias. Segundo o mapa de Lepelley, C., *Rome et l'intération de l'Empire, 44 av. J.-C. – 260 ap. J.-C.*, t. 2, Paris, PUF, 1998.

Mapa 2. Síria Palestina no tempo de Jesus

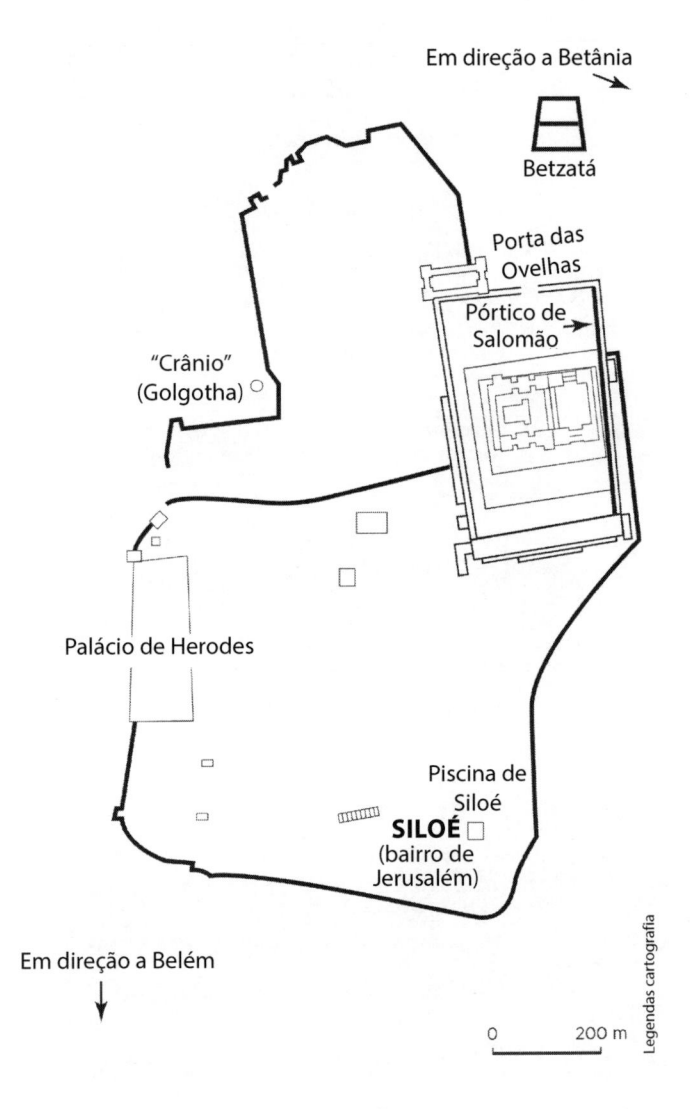

Mapa 3. Arredores de Jerusalém no tempo de Jesus

Bibliografia

N. B. : as citações bíblicas são feitas a partir da *Bíblia de Jerusalém* (Éd. du Cerf, 1998).

Para situar o evangelho de João no Novo Testamento

BROWN, R. *La communauté du disciple bien-aimé.* Coll. Lectio divina, 115. Paris: Cerf, 1983. [Trad. Bras.: *A Comunidade do Discípulo Amado.* São Paulo: Paulus, 1999 (N. do T.)].

_____. *Que sait-on du Nouveau Testament?* Paris: Bayard, 2000, 376-426. [Trad. Bras.: *Introdução ao Novo Testamento.* São Paulo: Paulinas, 2004 (N. do T.)].

ZUMSTEIN, J. L'évangile selon Jean. In: MARGUERAT, D. (dir.), *Introduction au Nouveau Testament. Son histoire, son écriture, sa théologie.* Le monde de la Bible, 41. Genève: Labor et Fides, 2008, 367-394. [Trad. Bras.: O evangelho segundo João. In: MARGUERAT, D. (dir.). *Novo Testamento: história, escritura e teologia.* São Paulo: Loyola, 2009 (N. do T.)].

Para uma leitura orientada do evangelho de João

BLANCHARD, Y.-M. *Saint Jean*. Coll. La Bible tout simplement. Paris: l'Atelier, 1999. [Trad. Bras.: *São João*. São Paulo: Paulinas, 2004 (N. do T.).

LÉON-DUFOUR, X. *Lecture de l'évangile selon Jean*. 4 v. Paris: Seuil, 1987-1996. [Trad. Bras.: Leitura do evangelho segundo João (4 v.). São Paulo: Loyola, 1996-2010 (N. do T.)].

ZUMSTEIN, J. *L'évangile selon Jean*. 2 v. Commentaire du Nouveau Testament, 2e série IVa-b. Genève: Labor et Fides, 2007. 2014 [comentário científico].

Para aprofundar alguns pontos específicos

BROWN, R. *Une retraite avec saint Jean*. Paris: du Cerf, 2004.

DEVILLERS, L. *La saga de Siloé. Jésus et la fête des Tentes* (Jean 7,1–10,21). Coll. Lire la Bible, 143. Paris: Cerf, 2005. [Trad. Bras.: *A Saga de Siloé. Jesus e a Festa das Tendas* (João 7,1–10,21). São Paulo: Paulinas, 2015 (N. do T.).

KIEFFER, R. *Le monde symbolique de saint Jean*. Coll. Lectio Divina, 137. Paris: Cerf 1989.

MARCHADOUR, A. *Les personnages dans l'évangile de Jean*. Coll. Lire la Bible, 139. Paris: Cerf, 2004.

ZUMSTEIN, J. *L'apprentissage de la foi*. Essais bibliques, 50. Genève: Labor et Fides, 2015.

Edições Loyola

editoração impressão acabamento

Rua 1822 n° 341 – Ipiranga
04216-000 São Paulo, SP
T 55 11 3385 8500/8501, 2063 4275
www.loyola.com.br